THIS BOOK BELONGS TO:

CONTACT INFORMATION	
NAME:	
ADDRESS:	
PHONE:	

START / END DATES

___ / ___ / ___   TO   ___ / ___ / ___

DEDICATION

This Sleep Journal Book is dedicated to all the people out there who want to record their sleep patterns & habits and received and document their findings in the process.

You are my inspiration for producing books and I'm honored to be a part of keeping all of your sleep notes and records organized.

This journal notebook will help you record the details of your sleeping habits.

Thoughtfully put together with these sections to record: Day & Date, Quantity of Water, Caffeine, Alcohol & Nicotine, Food Consumed After 6 p.m., Naps Taken & Times, Medication Taken, Exercise Time, Activities For Today, How Did I Feel Today, & more!

HOW TO USE THIS BOOK

The purpose of this book is to keep all of your sleep notes all in one place. It will help keep you organized.

This Sleep Journal Book will allow you to accurately document every detail about sending your sleep patterns & habits.

Here are examples of the prompts for you to fill in and write about your experience in this book:

1. Date & Day
2. Quantity of Water, Caffeine, Alcohol, & Nicotine
3. Food Consumed After 6 p.m.
4. Naps Taken & Times
5. Medication Taken
6. Exercise Time
7. Activities For Today
8. How Did I Feel Today
9. Time I Went To Bed
10. Time I Fell Asleep
11. Number of Times I Woke In The Night
12. Time I Woke
13. Total Sleep Time
14. Sleep Rating

SLEEP JOURNAL

DATE:		DAY:	○ MON	○ TUE	○ WED	○ THU	○ FRI	○ SAT	○ SUN

EVENING ASSESSMENT

QUANTITY OF WATER CONSUMED		TOTAL EXERCISE TIME	
QUANTITY OF CAFFEINE / ALCOHOL		QUANTITY OF NICOTINE	

FOOD CONSUMED AFTER 6 P.M.	NAPS TAKE AND TIMES
	1
	2
	3

MEDICATIONS TAKEN	TIME	DOSAGE	TIMES

ACTIVITIES DONE TODAY	HOW DID I FEEL TODAY

MORNING ASSESSMENT

TIME I WENT TO BED		TIME I FELL ASLEEP	
NUMBER OF TIMES I WOKE UP		DURATION OF TIME AWAKE	
WHAT I WAS DOING BEFORE I FEEL ASLEEP			

WHAT WOKE ME UP	○ TOILET	○ TOO COLD	○ BAD DREAM
	○ ANXIETY	○ UNCOMFORTABLE	○ OTHER

WHAT HELPED ME FALL BACK ASLEEP	○ EXERCISE	○ BOOK	○ MUSIC
	○ FOOD	○ MEDICATION	○ OTHER

TIME I WOKE UP		TOTAL SLEEP TIME	

MY SLEEP RATING	○ [1] ○ [2] ○ [3] ○ [4] ○ [5] ○ [6] ○ [7] ○ [8] ○ [9] ○ [10]

DID I SLEEP BETTER THAN THE NIGHT BEFORE?	○ YES ○ NO

SLEEP JOURNAL

DATE:		DAY:	○ MON	○ TUE	○ WED	○ THU	○ FRI	○ SAT	○ SUN

EVENING ASSESSMENT

QUANTITY OF WATER CONSUMED		TOTAL EXERCISE TIME	
QUANTITY OF CAFFEINE / ALCOHOL		QUANTITY OF NICOTINE	

FOOD CONSUMED AFTER 6 P.M.	NAPS TAKE AND TIMES
	1
	2
	3

MEDICATIONS TAKEN	TIME	DOSAGE	TIMES

ACTIVITIES DONE TODAY	HOW DID I FEEL TODAY

MORNING ASSESSMENT

TIME I WENT TO BED		TIME I FELL ASLEEP	
NUMBER OF TIMES I WOKE UP		DURATION OF TIME AWAKE	

WHAT I WAS DOING BEFORE I FEEL ASLEEP	

WHAT WOKE ME UP	○ TOILET	○ TOO COLD	○ BAD DREAM
	○ ANXIETY	○ UNCOMFORTABLE	○ OTHER
WHAT HELPED ME FALL BACK ASLEEP	○ EXERCISE	○ BOOK	○ MUSIC
	○ FOOD	○ MEDICATION	○ OTHER

TIME I WOKE UP		TOTAL SLEEP TIME	
MY SLEEP RATING		○ [1] ○ [2] ○ [3] ○ [4] ○ [5] ○ [6] ○ [7] ○ [8] ○ [9] ○ [10]	
DID I SLEEP BETTER THAN THE NIGHT BEFORE?		○ YES ○ NO	

SLEEP JOURNAL

DATE:		DAY:	○ MON	○ TUE	○ WED	○ THU	○ FRI	○ SAT	○ SUN

EVENING ASSESSMENT

QUANTITY OF WATER CONSUMED		TOTAL EXERCISE TIME	
QUANTITY OF CAFFEINE / ALCOHOL		QUANTITY OF NICOTINE	

FOOD CONSUMED AFTER 6 P.M.	NAPS TAKE AND TIMES
	1
	2
	3

MEDICATIONS TAKEN	TIME	DOSAGE	TIMES

ACTIVITIES DONE TODAY	HOW DID I FEEL TODAY

MORNING ASSESSMENT

TIME I WENT TO BED		TIME I FELL ASLEEP	
NUMBER OF TIMES I WOKE UP		DURATION OF TIME AWAKE	
WHAT I WAS DOING BEFORE I FEEL ASLEEP			

WHAT WOKE ME UP	○ TOILET	○ TOO COLD	○ BAD DREAM
	○ ANXIETY	○ UNCOMFORTABLE	○ OTHER
WHAT HELPED ME FALL BACK ASLEEP	○ EXERCISE	○ BOOK	○ MUSIC
	○ FOOD	○ MEDICATION	○ OTHER

TIME I WOKE UP		TOTAL SLEEP TIME	
MY SLEEP RATING	○ [1] ○ [2] ○ [3] ○ [4] ○ [5] ○ [6] ○ [7] ○ [8] ○ [9] ○ [10]		

DID I SLEEP BETTER THAN THE NIGHT BEFORE?	○ YES ○ NO

SLEEP JOURNAL

| DATE: | | DAY: | O MON | O TUE | O WED | O THU | O FRI | O SAT | O SUN |

EVENING ASSESSMENT

QUANTITY OF WATER CONSUMED		TOTAL EXERCISE TIME	
QUANTITY OF CAFFEINE / ALCOHOL		QUANTITY OF NICOTINE	

FOOD CONSUMED AFTER 6 P.M.	NAPS TAKE AND TIMES
	1
	2
	3

MEDICATIONS TAKEN	TIME	DOSAGE	TIMES

ACTIVITIES DONE TODAY	HOW DID I FEEL TODAY

MORNING ASSESSMENT

TIME I WENT TO BED		TIME I FELL ASLEEP	
NUMBER OF TIMES I WOKE UP		DURATION OF TIME AWAKE	
WHAT I WAS DOING BEFORE I FEEL ASLEEP			

WHAT WOKE ME UP	O TOILET	O TOO COLD	O BAD DREAM
	O ANXIETY	O UNCOMFORTABLE	O OTHER
WHAT HELPED ME FALL BACK ASLEEP	O EXERCISE	O BOOK	O MUSIC
	O FOOD	O MEDICATION	O OTHER

TIME I WOKE UP		TOTAL SLEEP TIME	
MY SLEEP RATING	O [1] O [2] O [3] O [4] O [5] O [6] O [7] O [8] O [9] O [10]		

| DID I SLEEP BETTER THAN THE NIGHT BEFORE? | O YES   O NO |

SLEEP JOURNAL

DATE:		DAY:	○ MON	○ TUE	○ WED	○ THU	○ FRI	○ SAT	○ SUN

EVENING ASSESSMENT

QUANTITY OF WATER CONSUMED		TOTAL EXERCISE TIME	
QUANTITY OF CAFFEINE / ALCOHOL		QUANTITY OF NICOTINE	

FOOD CONSUMED AFTER 6 P.M.	NAPS TAKE AND TIMES
	1
	2
	3

MEDICATIONS TAKEN	TIME	DOSAGE	TIMES

ACTIVITIES DONE TODAY	HOW DID I FEEL TODAY

MORNING ASSESSMENT

TIME I WENT TO BED		TIME I FELL ASLEEP	
NUMBER OF TIMES I WOKE UP		DURATION OF TIME AWAKE	
WHAT I WAS DOING BEFORE I FEEL ASLEEP			

WHAT WOKE ME UP	○ TOILET	○ TOO COLD	○ BAD DREAM
	○ ANXIETY	○ UNCOMFORTABLE	○ OTHER
WHAT HELPED ME FALL BACK ASLEEP	○ EXERCISE	○ BOOK	○ MUSIC
	○ FOOD	○ MEDICATION	○ OTHER

TIME I WOKE UP		TOTAL SLEEP TIME	

MY SLEEP RATING	○ [1] ○ [2] ○ [3] ○ [4] ○ [5] ○ [6] ○ [7] ○ [8] ○ [9] ○ [10]

DID I SLEEP BETTER THAN THE NIGHT BEFORE?	○ YES ○ NO

SLEEP JOURNAL

DATE:		DAY:	O MON	O TUE	O WED	O THU	O FRI	O SAT	O SUN

EVENING ASSESSMENT

QUANTITY OF WATER CONSUMED		TOTAL EXERCISE TIME	
QUANTITY OF CAFFEINE / ALCOHOL		QUANTITY OF NICOTINE	

FOOD CONSUMED AFTER 6 P.M.	NAPS TAKE AND TIMES
	1
	2
	3

MEDICATIONS TAKEN	TIME	DOSAGE	TIMES

ACTIVITIES DONE TODAY	HOW DID I FEEL TODAY

MORNING ASSESSMENT

TIME I WENT TO BED		TIME I FELL ASLEEP	
NUMBER OF TIMES I WOKE UP		DURATION OF TIME AWAKE	
WHAT I WAS DOING BEFORE I FEEL ASLEEP			

WHAT WOKE ME UP	O TOILET	O TOO COLD	O BAD DREAM
	O ANXIETY	O UNCOMFORTABLE	O OTHER
WHAT HELPED ME FALL BACK ASLEEP	O EXERCISE	O BOOK	O MUSIC
	O FOOD	O MEDICATION	O OTHER

TIME I WOKE UP		TOTAL SLEEP TIME	
MY SLEEP RATING		O [1] O [2] O [3] O [4] O [5] O [6] O [7] O [8] O [9] O [10]	
DID I SLEEP BETTER THAN THE NIGHT BEFORE?		O YES O NO	

SLEEP JOURNAL

DATE:		DAY:	O MON	O TUE	O WED	O THU	O FRI	O SAT	O SUN

EVENING ASSESSMENT

QUANTITY OF WATER CONSUMED		TOTAL EXERCISE TIME	
QUANTITY OF CAFFEINE / ALCOHOL		QUANTITY OF NICOTINE	

FOOD CONSUMED AFTER 6 P.M.	NAPS TAKE AND TIMES
	1
	2
	3

MEDICATIONS TAKEN	TIME	DOSAGE	TIMES

ACTIVITIES DONE TODAY	HOW DID I FEEL TODAY

MORNING ASSESSMENT

TIME I WENT TO BED		TIME I FELL ASLEEP	
NUMBER OF TIMES I WOKE UP		DURATION OF TIME AWAKE	
WHAT I WAS DOING BEFORE I FEEL ASLEEP			

WHAT WOKE ME UP	O TOILET	O TOO COLD	O BAD DREAM
	O ANXIETY	O UNCOMFORTABLE	O OTHER
WHAT HELPED ME FALL BACK ASLEEP	O EXERCISE	O BOOK	O MUSIC
	O FOOD	O MEDICATION	O OTHER

TIME I WOKE UP		TOTAL SLEEP TIME	
MY SLEEP RATING		O [1] O [2] O [3] O [4] O [5] O [6] O [7] O [8] O [9] O [10]	
DID I SLEEP BETTER THAN THE NIGHT BEFORE?		O YES O NO	

SLEEP JOURNAL

DATE:		DAY:	○ MON	○ TUE	○ WED	○ THU	○ FRI	○ SAT	○ SUN

EVENING ASSESSMENT

QUANTITY OF WATER CONSUMED		TOTAL EXERCISE TIME	
QUANTITY OF CAFFEINE / ALCOHOL		QUANTITY OF NICOTINE	

FOOD CONSUMED AFTER 6 P.M.	NAPS TAKE AND TIMES
	1
	2
	3

MEDICATIONS TAKEN	TIME	DOSAGE	TIMES

ACTIVITIES DONE TODAY	HOW DID I FEEL TODAY

MORNING ASSESSMENT

TIME I WENT TO BED		TIME I FELL ASLEEP	
NUMBER OF TIMES I WOKE UP		DURATION OF TIME AWAKE	
WHAT I WAS DOING BEFORE I FEEL ASLEEP			

WHAT WOKE ME UP	○ TOILET	○ TOO COLD	○ BAD DREAM
	○ ANXIETY	○ UNCOMFORTABLE	○ OTHER
WHAT HELPED ME FALL BACK ASLEEP	○ EXERCISE	○ BOOK	○ MUSIC
	○ FOOD	○ MEDICATION	○ OTHER

TIME I WOKE UP		TOTAL SLEEP TIME	
MY SLEEP RATING	○ [1] ○ [2] ○ [3] ○ [4] ○ [5] ○ [6] ○ [7] ○ [8] ○ [9] ○ [10]		

DID I SLEEP BETTER THAN THE NIGHT BEFORE?	○ YES ○ NO

SLEEP JOURNAL

DATE:		DAY:	O MON	O TUE	O WED	O THU	O FRI	O SAT	O SUN

EVENING ASSESSMENT

QUANTITY OF WATER CONSUMED		TOTAL EXERCISE TIME	
QUANTITY OF CAFFEINE / ALCOHOL		QUANTITY OF NICOTINE	

FOOD CONSUMED AFTER 6 P.M.	NAPS TAKE AND TIMES
	1
	2
	3

MEDICATIONS TAKEN	TIME	DOSAGE	TIMES

ACTIVITIES DONE TODAY	HOW DID I FEEL TODAY

MORNING ASSESSMENT

TIME I WENT TO BED		TIME I FELL ASLEEP	
NUMBER OF TIMES I WOKE UP		DURATION OF TIME AWAKE	
WHAT I WAS DOING BEFORE I FEEL ASLEEP			

WHAT WOKE ME UP	O TOILET	O TOO COLD	O BAD DREAM
	O ANXIETY	O UNCOMFORTABLE	O OTHER
WHAT HELPED ME FALL BACK ASLEEP	O EXERCISE	O BOOK	O MUSIC
	O FOOD	O MEDICATION	O OTHER

TIME I WOKE UP		TOTAL SLEEP TIME	
MY SLEEP RATING	O [1] O [2] O [3] O [4] O [5] O [6] O [7] O [8] O [9] O [10]		

DID I SLEEP BETTER THAN THE NIGHT BEFORE?	O YES O NO

SLEEP JOURNAL

DATE:		DAY:	O MON	O TUE	O WED	O THU	O FRI	O SAT	O SUN

EVENING ASSESSMENT

QUANTITY OF WATER CONSUMED		TOTAL EXERCISE TIME	
QUANTITY OF CAFFEINE / ALCOHOL		QUANTITY OF NICOTINE	

FOOD CONSUMED AFTER 6 P.M.	NAPS TAKE AND TIMES
	1
	2
	3

MEDICATIONS TAKEN	TIME	DOSAGE	TIMES

ACTIVITIES DONE TODAY	HOW DID I FEEL TODAY

MORNING ASSESSMENT

TIME I WENT TO BED		TIME I FELL ASLEEP	
NUMBER OF TIMES I WOKE UP		DURATION OF TIME AWAKE	
WHAT I WAS DOING BEFORE I FEEL ASLEEP			

WHAT WOKE ME UP	O TOILET	O TOO COLD	O BAD DREAM
	O ANXIETY	O UNCOMFORTABLE	O OTHER
WHAT HELPED ME FALL BACK ASLEEP	O EXERCISE	O BOOK	O MUSIC
	O FOOD	O MEDICATION	O OTHER

TIME I WOKE UP		TOTAL SLEEP TIME	

MY SLEEP RATING	O [1] O [2] O [3] O [4] O [5] O [6] O [7] O [8] O [9] O [10]

DID I SLEEP BETTER THAN THE NIGHT BEFORE?	O YES O NO

SLEEP JOURNAL

DATE:		DAY:	O MON	O TUE	O WED	O THU	O FRI	O SAT	O SUN

EVENING ASSESSMENT

QUANTITY OF WATER CONSUMED		TOTAL EXERCISE TIME	
QUANTITY OF CAFFEINE / ALCOHOL		QUANTITY OF NICOTINE	

FOOD CONSUMED AFTER 6 P.M.	NAPS TAKE AND TIMES
	1
	2
	3

MEDICATIONS TAKEN	TIME	DOSAGE	TIMES

ACTIVITIES DONE TODAY	HOW DID I FEEL TODAY

MORNING ASSESSMENT

TIME I WENT TO BED		TIME I FELL ASLEEP	
NUMBER OF TIMES I WOKE UP		DURATION OF TIME AWAKE	
WHAT I WAS DOING BEFORE I FEEL ASLEEP			

WHAT WOKE ME UP	O TOILET	O TOO COLD	O BAD DREAM
	O ANXIETY	O UNCOMFORTABLE	O OTHER
WHAT HELPED ME FALL BACK ASLEEP	O EXERCISE	O BOOK	O MUSIC
	O FOOD	O MEDICATION	O OTHER

TIME I WOKE UP		TOTAL SLEEP TIME	
MY SLEEP RATING	O [1] O [2] O [3] O [4] O [5] O [6] O [7] O [8] O [9] O [10]		

DID I SLEEP BETTER THAN THE NIGHT BEFORE?	O YES O NO

SLEEP JOURNAL

DATE:		DAY:	○ MON	○ TUE	○ WED	○ THU	○ FRI	○ SAT	○ SUN

EVENING ASSESSMENT

QUANTITY OF WATER CONSUMED		TOTAL EXERCISE TIME	
QUANTITY OF CAFFEINE / ALCOHOL		QUANTITY OF NICOTINE	

FOOD CONSUMED AFTER 6 P.M.	NAPS TAKE AND TIMES
	1
	2
	3

MEDICATIONS TAKEN	TIME	DOSAGE	TIMES

ACTIVITIES DONE TODAY	HOW DID I FEEL TODAY

MORNING ASSESSMENT

TIME I WENT TO BED		TIME I FELL ASLEEP	
NUMBER OF TIMES I WOKE UP		DURATION OF TIME AWAKE	
WHAT I WAS DOING BEFORE I FEEL ASLEEP			

WHAT WOKE ME UP	○ TOILET	○ TOO COLD	○ BAD DREAM
	○ ANXIETY	○ UNCOMFORTABLE	○ OTHER
WHAT HELPED ME FALL BACK ASLEEP	○ EXERCISE	○ BOOK	○ MUSIC
	○ FOOD	○ MEDICATION	○ OTHER

TIME I WOKE UP		TOTAL SLEEP TIME	
MY SLEEP RATING	○ [1] ○ [2] ○ [3] ○ [4] ○ [5] ○ [6] ○ [7] ○ [8] ○ [9] ○ [10]		

DID I SLEEP BETTER THAN THE NIGHT BEFORE?	○ YES ○ NO

SLEEP JOURNAL

DATE:		DAY:	○ MON	○ TUE	○ WED	○ THU	○ FRI	○ SAT	○ SUN

EVENING ASSESSMENT

QUANTITY OF WATER CONSUMED		TOTAL EXERCISE TIME	
QUANTITY OF CAFFEINE / ALCOHOL		QUANTITY OF NICOTINE	

FOOD CONSUMED AFTER 6 P.M.	NAPS TAKE AND TIMES
	1
	2
	3

MEDICATIONS TAKEN	TIME	DOSAGE	TIMES

ACTIVITIES DONE TODAY	HOW DID I FEEL TODAY

MORNING ASSESSMENT

TIME I WENT TO BED		TIME I FELL ASLEEP	
NUMBER OF TIMES I WOKE UP		DURATION OF TIME AWAKE	
WHAT I WAS DOING BEFORE I FEEL ASLEEP			
WHAT WOKE ME UP	○ TOILET	○ TOO COLD	○ BAD DREAM
	○ ANXIETY	○ UNCOMFORTABLE	○ OTHER
WHAT HELPED ME FALL BACK ASLEEP	○ EXERCISE	○ BOOK	○ MUSIC
	○ FOOD	○ MEDICATION	○ OTHER
TIME I WOKE UP		TOTAL SLEEP TIME	
MY SLEEP RATING	○ [1] ○ [2] ○ [3] ○ [4] ○ [5] ○ [6] ○ [7] ○ [8] ○ [9] ○ [10]		
DID I SLEEP BETTER THAN THE NIGHT BEFORE?	○ YES ○ NO		

SLEEP JOURNAL

DATE:		DAY:	O MON	O TUE	O WED	O THU	O FRI	O SAT	O SUN

EVENING ASSESSMENT

QUANTITY OF WATER CONSUMED		TOTAL EXERCISE TIME	
QUANTITY OF CAFFEINE / ALCOHOL		QUANTITY OF NICOTINE	

FOOD CONSUMED AFTER 6 P.M.	NAPS TAKE AND TIMES
	1
	2
	3

MEDICATIONS TAKEN	TIME	DOSAGE	TIMES

ACTIVITIES DONE TODAY	HOW DID I FEEL TODAY

MORNING ASSESSMENT

TIME I WENT TO BED		TIME I FELL ASLEEP	
NUMBER OF TIMES I WOKE UP		DURATION OF TIME AWAKE	
WHAT I WAS DOING BEFORE I FEEL ASLEEP			

WHAT WOKE ME UP	O TOILET	O TOO COLD	O BAD DREAM
	O ANXIETY	O UNCOMFORTABLE	O OTHER
WHAT HELPED ME FALL BACK ASLEEP	O EXERCISE	O BOOK	O MUSIC
	O FOOD	O MEDICATION	O OTHER

TIME I WOKE UP		TOTAL SLEEP TIME	

MY SLEEP RATING	O [1] O [2] O [3] O [4] O [5] O [6] O [7] O [8] O [9] O [10]

DID I SLEEP BETTER THAN THE NIGHT BEFORE?	O YES O NO

SLEEP JOURNAL

DATE:		DAY:	○ MON	○ TUE	○ WED	○ THU	○ FRI	○ SAT	○ SUN

EVENING ASSESSMENT

QUANTITY OF WATER CONSUMED		TOTAL EXERCISE TIME	
QUANTITY OF CAFFEINE / ALCOHOL		QUANTITY OF NICOTINE	

FOOD CONSUMED AFTER 6 P.M.	NAPS TAKE AND TIMES
	1
	2
	3

MEDICATIONS TAKEN	TIME	DOSAGE	TIMES

ACTIVITIES DONE TODAY	HOW DID I FEEL TODAY

MORNING ASSESSMENT

TIME I WENT TO BED		TIME I FELL ASLEEP	
NUMBER OF TIMES I WOKE UP		DURATION OF TIME AWAKE	
WHAT I WAS DOING BEFORE I FEEL ASLEEP			

WHAT WOKE ME UP	○ TOILET	○ TOO COLD	○ BAD DREAM
	○ ANXIETY	○ UNCOMFORTABLE	○ OTHER
WHAT HELPED ME FALL BACK ASLEEP	○ EXERCISE	○ BOOK	○ MUSIC
	○ FOOD	○ MEDICATION	○ OTHER

TIME I WOKE UP		TOTAL SLEEP TIME	

MY SLEEP RATING	○ [1] ○ [2] ○ [3] ○ [4] ○ [5] ○ [6] ○ [7] ○ [8] ○ [9] ○ [10]

DID I SLEEP BETTER THAN THE NIGHT BEFORE?	○ YES ○ NO

SLEEP JOURNAL

DATE:		DAY:	○ MON	○ TUE	○ WED	○ THU	○ FRI	○ SAT	○ SUN

EVENING ASSESSMENT

QUANTITY OF WATER CONSUMED		TOTAL EXERCISE TIME	
QUANTITY OF CAFFEINE / ALCOHOL		QUANTITY OF NICOTINE	

FOOD CONSUMED AFTER 6 P.M.	NAPS TAKE AND TIMES
	1
	2
	3

MEDICATIONS TAKEN	TIME	DOSAGE	TIMES

ACTIVITIES DONE TODAY	HOW DID I FEEL TODAY

MORNING ASSESSMENT

TIME I WENT TO BED		TIME I FELL ASLEEP	
NUMBER OF TIMES I WOKE UP		DURATION OF TIME AWAKE	
WHAT I WAS DOING BEFORE I FEEL ASLEEP			

WHAT WOKE ME UP	○ TOILET	○ TOO COLD	○ BAD DREAM
	○ ANXIETY	○ UNCOMFORTABLE	○ OTHER
WHAT HELPED ME FALL BACK ASLEEP	○ EXERCISE	○ BOOK	○ MUSIC
	○ FOOD	○ MEDICATION	○ OTHER

TIME I WOKE UP		TOTAL SLEEP TIME	

MY SLEEP RATING	○ [1] ○ [2] ○ [3] ○ [4] ○ [5] ○ [6] ○ [7] ○ [8] ○ [9] ○ [10]

DID I SLEEP BETTER THAN THE NIGHT BEFORE?	○ YES ○ NO

SLEEP JOURNAL

DATE:		DAY:	O MON	O TUE	O WED	O THU	O FRI	O SAT	O SUN

EVENING ASSESSMENT

QUANTITY OF WATER CONSUMED		TOTAL EXERCISE TIME	
QUANTITY OF CAFFEINE / ALCOHOL		QUANTITY OF NICOTINE	

FOOD CONSUMED AFTER 6 P.M.	NAPS TAKE AND TIMES
	1
	2
	3

MEDICATIONS TAKEN	TIME	DOSAGE	TIMES

ACTIVITIES DONE TODAY	HOW DID I FEEL TODAY

MORNING ASSESSMENT

TIME I WENT TO BED		TIME I FELL ASLEEP	
NUMBER OF TIMES I WOKE UP		DURATION OF TIME AWAKE	
WHAT I WAS DOING BEFORE I FEEL ASLEEP			

WHAT WOKE ME UP	O TOILET	O TOO COLD	O BAD DREAM
	O ANXIETY	O UNCOMFORTABLE	O OTHER
WHAT HELPED ME FALL BACK ASLEEP	O EXERCISE	O BOOK	O MUSIC
	O FOOD	O MEDICATION	O OTHER

TIME I WOKE UP		TOTAL SLEEP TIME	
MY SLEEP RATING	O [1] O [2] O [3] O [4] O [5] O [6] O [7] O [8] O [9] O [10]		

DID I SLEEP BETTER THAN THE NIGHT BEFORE?	O YES O NO

SLEEP JOURNAL

DATE:		DAY:	○ MON	○ TUE	○ WED	○ THU	○ FRI	○ SAT	○ SUN

EVENING ASSESSMENT

QUANTITY OF WATER CONSUMED		TOTAL EXERCISE TIME	
QUANTITY OF CAFFEINE / ALCOHOL		QUANTITY OF NICOTINE	

FOOD CONSUMED AFTER 6 P.M.	NAPS TAKE AND TIMES
	1
	2
	3

MEDICATIONS TAKEN	TIME	DOSAGE	TIMES

ACTIVITIES DONE TODAY	HOW DID I FEEL TODAY

MORNING ASSESSMENT

TIME I WENT TO BED		TIME I FELL ASLEEP	
NUMBER OF TIMES I WOKE UP		DURATION OF TIME AWAKE	
WHAT I WAS DOING BEFORE I FEEL ASLEEP			

WHAT WOKE ME UP	○ TOILET	○ TOO COLD	○ BAD DREAM
	○ ANXIETY	○ UNCOMFORTABLE	○ OTHER
WHAT HELPED ME FALL BACK ASLEEP	○ EXERCISE	○ BOOK	○ MUSIC
	○ FOOD	○ MEDICATION	○ OTHER

TIME I WOKE UP		TOTAL SLEEP TIME	

MY SLEEP RATING	○ [1] ○ [2] ○ [3] ○ [4] ○ [5] ○ [6] ○ [7] ○ [8] ○ [9] ○ [10]

DID I SLEEP BETTER THAN THE NIGHT BEFORE?	○ YES ○ NO

SLEEP JOURNAL

DATE:		DAY:	○ MON	○ TUE	○ WED	○ THU	○ FRI	○ SAT	○ SUN

EVENING ASSESSMENT

QUANTITY OF WATER CONSUMED		TOTAL EXERCISE TIME	
QUANTITY OF CAFFEINE / ALCOHOL		QUANTITY OF NICOTINE	

FOOD CONSUMED AFTER 6 P.M.	NAPS TAKE AND TIMES
	1
	2
	3

MEDICATIONS TAKEN	TIME	DOSAGE	TIMES

ACTIVITIES DONE TODAY	HOW DID I FEEL TODAY

MORNING ASSESSMENT

TIME I WENT TO BED		TIME I FELL ASLEEP	
NUMBER OF TIMES I WOKE UP		DURATION OF TIME AWAKE	
WHAT I WAS DOING BEFORE I FEEL ASLEEP			

WHAT WOKE ME UP	○ TOILET	○ TOO COLD	○ BAD DREAM
	○ ANXIETY	○ UNCOMFORTABLE	○ OTHER
WHAT HELPED ME FALL BACK ASLEEP	○ EXERCISE	○ BOOK	○ MUSIC
	○ FOOD	○ MEDICATION	○ OTHER

TIME I WOKE UP		TOTAL SLEEP TIME	

MY SLEEP RATING	○ [1] ○ [2] ○ [3] ○ [4] ○ [5] ○ [6] ○ [7] ○ [8] ○ [9] ○ [10]

DID I SLEEP BETTER THAN THE NIGHT BEFORE?	○ YES ○ NO

SLEEP JOURNAL

DATE:		DAY:	○ MON	○ TUE	○ WED	○ THU	○ FRI	○ SAT	○ SUN

EVENING ASSESSMENT

QUANTITY OF WATER CONSUMED		TOTAL EXERCISE TIME	
QUANTITY OF CAFFEINE / ALCOHOL		QUANTITY OF NICOTINE	

FOOD CONSUMED AFTER 6 P.M.	NAPS TAKE AND TIMES
	1
	2
	3

MEDICATIONS TAKEN	TIME	DOSAGE	TIMES

ACTIVITIES DONE TODAY	HOW DID I FEEL TODAY

MORNING ASSESSMENT

TIME I WENT TO BED		TIME I FELL ASLEEP	
NUMBER OF TIMES I WOKE UP		DURATION OF TIME AWAKE	
WHAT I WAS DOING BEFORE I FEEL ASLEEP			

WHAT WOKE ME UP	○ TOILET	○ TOO COLD	○ BAD DREAM
	○ ANXIETY	○ UNCOMFORTABLE	○ OTHER
WHAT HELPED ME FALL BACK ASLEEP	○ EXERCISE	○ BOOK	○ MUSIC
	○ FOOD	○ MEDICATION	○ OTHER

TIME I WOKE UP		TOTAL SLEEP TIME	
MY SLEEP RATING	○ [1] ○ [2] ○ [3] ○ [4] ○ [5] ○ [6] ○ [7] ○ [8] ○ [9] ○ [10]		

DID I SLEEP BETTER THAN THE NIGHT BEFORE?	○ YES ○ NO

SLEEP JOURNAL

DATE:		DAY:	O MON	O TUE	O WED	O THU	O FRI	O SAT	O SUN

EVENING ASSESSMENT

QUANTITY OF WATER CONSUMED		TOTAL EXERCISE TIME	
QUANTITY OF CAFFEINE / ALCOHOL		QUANTITY OF NICOTINE	

FOOD CONSUMED AFTER 6 P.M.	NAPS TAKE AND TIMES
	1
	2
	3

MEDICATIONS TAKEN	TIME	DOSAGE	TIMES

ACTIVITIES DONE TODAY	HOW DID I FEEL TODAY

MORNING ASSESSMENT

TIME I WENT TO BED		TIME I FELL ASLEEP		
NUMBER OF TIMES I WOKE UP		DURATION OF TIME AWAKE		
WHAT I WAS DOING BEFORE I FEEL ASLEEP				
WHAT WOKE ME UP	O TOILET	O TOO COLD	O BAD DREAM	
	O ANXIETY	O UNCOMFORTABLE	O OTHER	
WHAT HELPED ME FALL BACK ASLEEP	O EXERCISE	O BOOK	O MUSIC	
	O FOOD	O MEDICATION	O OTHER	
TIME I WOKE UP		TOTAL SLEEP TIME		
MY SLEEP RATING		O [1] O [2] O [3] O [4] O [5] O [6] O [7] O [8] O [9] O [10]		
DID I SLEEP BETTER THAN THE NIGHT BEFORE?		O YES O NO		

SLEEP JOURNAL

DATE:		DAY:	○ MON	○ TUE	○ WED	○ THU	○ FRI	○ SAT	○ SUN

EVENING ASSESSMENT

QUANTITY OF WATER CONSUMED		TOTAL EXERCISE TIME	
QUANTITY OF CAFFEINE / ALCOHOL		QUANTITY OF NICOTINE	

FOOD CONSUMED AFTER 6 P.M.	NAPS TAKE AND TIMES
	1
	2
	3

MEDICATIONS TAKEN	TIME	DOSAGE	TIMES

ACTIVITIES DONE TODAY	HOW DID I FEEL TODAY

MORNING ASSESSMENT

TIME I WENT TO BED		TIME I FELL ASLEEP	
NUMBER OF TIMES I WOKE UP		DURATION OF TIME AWAKE	
WHAT I WAS DOING BEFORE I FEEL ASLEEP			
WHAT WOKE ME UP	○ TOILET	○ TOO COLD	○ BAD DREAM
	○ ANXIETY	○ UNCOMFORTABLE	○ OTHER
WHAT HELPED ME FALL BACK ASLEEP	○ EXERCISE	○ BOOK	○ MUSIC
	○ FOOD	○ MEDICATION	○ OTHER

TIME I WOKE UP		TOTAL SLEEP TIME	
MY SLEEP RATING		○ [1] ○ [2] ○ [3] ○ [4] ○ [5] ○ [6] ○ [7] ○ [8] ○ [9] ○ [10]	
DID I SLEEP BETTER THAN THE NIGHT BEFORE?		○ YES ○ NO	

SLEEP JOURNAL

DATE:		DAY:	○ MON	○ TUE	○ WED	○ THU	○ FRI	○ SAT	○ SUN

EVENING ASSESSMENT

QUANTITY OF WATER CONSUMED		TOTAL EXERCISE TIME	
QUANTITY OF CAFFEINE / ALCOHOL		QUANTITY OF NICOTINE	

FOOD CONSUMED AFTER 6 P.M.	NAPS TAKE AND TIMES	
	1	
	2	
	3	

MEDICATIONS TAKEN	TIME	DOSAGE	TIMES

ACTIVITIES DONE TODAY	HOW DID I FEEL TODAY

MORNING ASSESSMENT

TIME I WENT TO BED		TIME I FELL ASLEEP	
NUMBER OF TIMES I WOKE UP		DURATION OF TIME AWAKE	
WHAT I WAS DOING BEFORE I FEEL ASLEEP			
WHAT WOKE ME UP	○ TOILET	○ TOO COLD	○ BAD DREAM
	○ ANXIETY	○ UNCOMFORTABLE	○ OTHER
WHAT HELPED ME FALL BACK ASLEEP	○ EXERCISE	○ BOOK	○ MUSIC
	○ FOOD	○ MEDICATION	○ OTHER
TIME I WOKE UP		TOTAL SLEEP TIME	
MY SLEEP RATING	○ [1] ○ [2] ○ [3] ○ [4] ○ [5] ○ [6] ○ [7] ○ [8] ○ [9] ○ [10]		
DID I SLEEP BETTER THAN THE NIGHT BEFORE?	○ YES ○ NO		

SLEEP JOURNAL

DATE:		DAY:	○ MON	○ TUE	○ WED	○ THU	○ FRI	○ SAT	○ SUN

EVENING ASSESSMENT

QUANTITY OF WATER CONSUMED		TOTAL EXERCISE TIME	
QUANTITY OF CAFFEINE / ALCOHOL		QUANTITY OF NICOTINE	

FOOD CONSUMED AFTER 6 P.M.	NAPS TAKE AND TIMES
	1
	2
	3

MEDICATIONS TAKEN	TIME	DOSAGE	TIMES

ACTIVITIES DONE TODAY	HOW DID I FEEL TODAY

MORNING ASSESSMENT

TIME I WENT TO BED		TIME I FELL ASLEEP	
NUMBER OF TIMES I WOKE UP		DURATION OF TIME AWAKE	
WHAT I WAS DOING BEFORE I FEEL ASLEEP			

WHAT WOKE ME UP	○ TOILET	○ TOO COLD	○ BAD DREAM
	○ ANXIETY	○ UNCOMFORTABLE	○ OTHER
WHAT HELPED ME FALL BACK ASLEEP	○ EXERCISE	○ BOOK	○ MUSIC
	○ FOOD	○ MEDICATION	○ OTHER

TIME I WOKE UP		TOTAL SLEEP TIME	
MY SLEEP RATING	○ [1] ○ [2] ○ [3] ○ [4] ○ [5] ○ [6] ○ [7] ○ [8] ○ [9] ○ [10]		

DID I SLEEP BETTER THAN THE NIGHT BEFORE?	○ YES ○ NO

SLEEP JOURNAL

DATE:		DAY:	○ MON	○ TUE	○ WED	○ THU	○ FRI	○ SAT	○ SUN

EVENING ASSESSMENT

QUANTITY OF WATER CONSUMED		TOTAL EXERCISE TIME	
QUANTITY OF CAFFEINE / ALCOHOL		QUANTITY OF NICOTINE	

FOOD CONSUMED AFTER 6 P.M.	NAPS TAKE AND TIMES
	1
	2
	3

MEDICATIONS TAKEN	TIME	DOSAGE	TIMES

ACTIVITIES DONE TODAY	HOW DID I FEEL TODAY

MORNING ASSESSMENT

TIME I WENT TO BED		TIME I FELL ASLEEP	
NUMBER OF TIMES I WOKE UP		DURATION OF TIME AWAKE	
WHAT I WAS DOING BEFORE I FEEL ASLEEP			

WHAT WOKE ME UP	○ TOILET	○ TOO COLD	○ BAD DREAM
	○ ANXIETY	○ UNCOMFORTABLE	○ OTHER
WHAT HELPED ME FALL BACK ASLEEP	○ EXERCISE	○ BOOK	○ MUSIC
	○ FOOD	○ MEDICATION	○ OTHER

TIME I WOKE UP		TOTAL SLEEP TIME	
MY SLEEP RATING	○ [1] ○ [2] ○ [3] ○ [4] ○ [5] ○ [6] ○ [7] ○ [8] ○ [9] ○ [10]		

DID I SLEEP BETTER THAN THE NIGHT BEFORE?	○ YES ○ NO

SLEEP JOURNAL

DATE:		DAY:	O MON	O TUE	O WED	O THU	O FRI	O SAT	O SUN

EVENING ASSESSMENT

QUANTITY OF WATER CONSUMED		TOTAL EXERCISE TIME	
QUANTITY OF CAFFEINE / ALCOHOL		QUANTITY OF NICOTINE	

FOOD CONSUMED AFTER 6 P.M.	NAPS TAKE AND TIMES
	1
	2
	3

MEDICATIONS TAKEN	TIME	DOSAGE	TIMES

ACTIVITIES DONE TODAY	HOW DID I FEEL TODAY

MORNING ASSESSMENT

TIME I WENT TO BED		TIME I FELL ASLEEP	
NUMBER OF TIMES I WOKE UP		DURATION OF TIME AWAKE	
WHAT I WAS DOING BEFORE I FEEL ASLEEP			

WHAT WOKE ME UP	O TOILET	O TOO COLD	O BAD DREAM
	O ANXIETY	O UNCOMFORTABLE	O OTHER

WHAT HELPED ME FALL BACK ASLEEP	O EXERCISE	O BOOK	O MUSIC
	O FOOD	O MEDICATION	O OTHER

TIME I WOKE UP		TOTAL SLEEP TIME	

MY SLEEP RATING	O [1] O [2] O [3] O [4] O [5] O [6] O [7] O [8] O [9] O [10]

DID I SLEEP BETTER THAN THE NIGHT BEFORE?	O YES O NO

SLEEP JOURNAL

DATE:		DAY:	O MON	O TUE	O WED	O THU	O FRI	O SAT	O SUN

EVENING ASSESSMENT

QUANTITY OF WATER CONSUMED		TOTAL EXERCISE TIME	
QUANTITY OF CAFFEINE / ALCOHOL		QUANTITY OF NICOTINE	

FOOD CONSUMED AFTER 6 P.M.	NAPS TAKE AND TIMES
	1
	2
	3

MEDICATIONS TAKEN	TIME	DOSAGE	TIMES

ACTIVITIES DONE TODAY	HOW DID I FEEL TODAY

MORNING ASSESSMENT

TIME I WENT TO BED		TIME I FELL ASLEEP	
NUMBER OF TIMES I WOKE UP		DURATION OF TIME AWAKE	
WHAT I WAS DOING BEFORE I FEEL ASLEEP			

WHAT WOKE ME UP	O TOILET	O TOO COLD	O BAD DREAM
	O ANXIETY	O UNCOMFORTABLE	O OTHER
WHAT HELPED ME FALL BACK ASLEEP	O EXERCISE	O BOOK	O MUSIC
	O FOOD	O MEDICATION	O OTHER

TIME I WOKE UP		TOTAL SLEEP TIME	
MY SLEEP RATING	O [1] O [2] O [3] O [4] O [5] O [6] O [7] O [8] O [9] O [10]		

DID I SLEEP BETTER THAN THE NIGHT BEFORE?	O YES O NO

SLEEP JOURNAL

DATE:		DAY:	○ MON	○ TUE	○ WED	○ THU	○ FRI	○ SAT	○ SUN

EVENING ASSESSMENT

QUANTITY OF WATER CONSUMED		TOTAL EXERCISE TIME	
QUANTITY OF CAFFEINE / ALCOHOL		QUANTITY OF NICOTINE	

FOOD CONSUMED AFTER 6 P.M.	NAPS TAKE AND TIMES
	1
	2
	3

MEDICATIONS TAKEN	TIME	DOSAGE	TIMES

ACTIVITIES DONE TODAY	HOW DID I FEEL TODAY

MORNING ASSESSMENT

TIME I WENT TO BED		TIME I FELL ASLEEP		
NUMBER OF TIMES I WOKE UP		DURATION OF TIME AWAKE		
WHAT I WAS DOING BEFORE I FEEL ASLEEP				
WHAT WOKE ME UP	○ TOILET	○ TOO COLD	○ BAD DREAM
	○ ANXIETY	○ UNCOMFORTABLE	○ OTHER
WHAT HELPED ME FALL BACK ASLEEP	○ EXERCISE	○ BOOK	○ MUSIC
	○ FOOD	○ MEDICATION	○ OTHER

TIME I WOKE UP		TOTAL SLEEP TIME	
MY SLEEP RATING	○ [1] ○ [2] ○ [3] ○ [4] ○ [5] ○ [6] ○ [7] ○ [8] ○ [9] ○ [10]		

DID I SLEEP BETTER THAN THE NIGHT BEFORE?	○ YES ○ NO

SLEEP JOURNAL

DATE:		DAY:	○ MON	○ TUE	○ WED	○ THU	○ FRI	○ SAT	○ SUN

EVENING ASSESSMENT

QUANTITY OF WATER CONSUMED		TOTAL EXERCISE TIME	
QUANTITY OF CAFFEINE / ALCOHOL		QUANTITY OF NICOTINE	

FOOD CONSUMED AFTER 6 P.M.	NAPS TAKE AND TIMES
	1
	2
	3

MEDICATIONS TAKEN	TIME	DOSAGE	TIMES

ACTIVITIES DONE TODAY	HOW DID I FEEL TODAY

MORNING ASSESSMENT

TIME I WENT TO BED		TIME I FELL ASLEEP	
NUMBER OF TIMES I WOKE UP		DURATION OF TIME AWAKE	
WHAT I WAS DOING BEFORE I FEEL ASLEEP			

WHAT WOKE ME UP	○ TOILET	○ TOO COLD	○ BAD DREAM
	○ ANXIETY	○ UNCOMFORTABLE	○ OTHER
WHAT HELPED ME FALL BACK ASLEEP	○ EXERCISE	○ BOOK	○ MUSIC
	○ FOOD	○ MEDICATION	○ OTHER

TIME I WOKE UP		TOTAL SLEEP TIME	

MY SLEEP RATING	○ [1] ○ [2] ○ [3] ○ [4] ○ [5] ○ [6] ○ [7] ○ [8] ○ [9] ○ [10]

DID I SLEEP BETTER THAN THE NIGHT BEFORE?	○ YES ○ NO

SLEEP JOURNAL

DATE:		DAY:	O MON	O TUE	O WED	O THU	O FRI	O SAT	O SUN

EVENING ASSESSMENT

QUANTITY OF WATER CONSUMED		TOTAL EXERCISE TIME	
QUANTITY OF CAFFEINE / ALCOHOL		QUANTITY OF NICOTINE	

FOOD CONSUMED AFTER 6 P.M.	NAPS TAKE AND TIMES
	1
	2
	3

MEDICATIONS TAKEN	TIME	DOSAGE	TIMES

ACTIVITIES DONE TODAY	HOW DID I FEEL TODAY

MORNING ASSESSMENT

TIME I WENT TO BED		TIME I FELL ASLEEP	
NUMBER OF TIMES I WOKE UP		DURATION OF TIME AWAKE	
WHAT I WAS DOING BEFORE I FEEL ASLEEP			

WHAT WOKE ME UP	O TOILET	O TOO COLD	O BAD DREAM
	O ANXIETY	O UNCOMFORTABLE	O OTHER
WHAT HELPED ME FALL BACK ASLEEP	O EXERCISE	O BOOK	O MUSIC
	O FOOD	O MEDICATION	O OTHER

TIME I WOKE UP		TOTAL SLEEP TIME	

MY SLEEP RATING	O [1] O [2] O [3] O [4] O [5] O [6] O [7] O [8] O [9] O [10]

DID I SLEEP BETTER THAN THE NIGHT BEFORE?	O YES O NO

SLEEP JOURNAL

DATE:		DAY:	O MON	O TUE	O WED	O THU	O FRI	O SAT	O SUN

EVENING ASSESSMENT

QUANTITY OF WATER CONSUMED		TOTAL EXERCISE TIME	
QUANTITY OF CAFFEINE / ALCOHOL		QUANTITY OF NICOTINE	

FOOD CONSUMED AFTER 6 P.M.	NAPS TAKE AND TIMES
	1
	2
	3

MEDICATIONS TAKEN	TIME	DOSAGE	TIMES

ACTIVITIES DONE TODAY	HOW DID I FEEL TODAY

MORNING ASSESSMENT

TIME I WENT TO BED		TIME I FELL ASLEEP	
NUMBER OF TIMES I WOKE UP		DURATION OF TIME AWAKE	
WHAT I WAS DOING BEFORE I FEEL ASLEEP			

WHAT WOKE ME UP	O TOILET	O TOO COLD	O BAD DREAM
	O ANXIETY	O UNCOMFORTABLE	O OTHER
WHAT HELPED ME FALL BACK ASLEEP	O EXERCISE	O BOOK	O MUSIC
	O FOOD	O MEDICATION	O OTHER

TIME I WOKE UP		TOTAL SLEEP TIME	
MY SLEEP RATING	O [1] O [2] O [3] O [4] O [5] O [6] O [7] O [8] O [9] O [10]		
DID I SLEEP BETTER THAN THE NIGHT BEFORE?	O YES O NO		

SLEEP JOURNAL

DATE:		DAY:	O MON	O TUE	O WED	O THU	O FRI	O SAT	O SUN

EVENING ASSESSMENT

QUANTITY OF WATER CONSUMED		TOTAL EXERCISE TIME	
QUANTITY OF CAFFEINE / ALCOHOL		QUANTITY OF NICOTINE	

FOOD CONSUMED AFTER 6 P.M.	NAPS TAKE AND TIMES
	1
	2
	3

MEDICATIONS TAKEN	TIME	DOSAGE	TIMES

ACTIVITIES DONE TODAY	HOW DID I FEEL TODAY

MORNING ASSESSMENT

TIME I WENT TO BED		TIME I FELL ASLEEP	
NUMBER OF TIMES I WOKE UP		DURATION OF TIME AWAKE	
WHAT I WAS DOING BEFORE I FEEL ASLEEP			

WHAT WOKE ME UP	O TOILET	O TOO COLD	O BAD DREAM
	O ANXIETY	O UNCOMFORTABLE	O OTHER
WHAT HELPED ME FALL BACK ASLEEP	O EXERCISE	O BOOK	O MUSIC
	O FOOD	O MEDICATION	O OTHER

TIME I WOKE UP		TOTAL SLEEP TIME	

MY SLEEP RATING	O [1] O [2] O [3] O [4] O [5] O [6] O [7] O [8] O [9] O [10]

DID I SLEEP BETTER THAN THE NIGHT BEFORE?	O YES O NO

SLEEP JOURNAL

DATE:		DAY:	○ MON	○ TUE	○ WED	○ THU	○ FRI	○ SAT	○ SUN

EVENING ASSESSMENT

QUANTITY OF WATER CONSUMED		TOTAL EXERCISE TIME	
QUANTITY OF CAFFEINE / ALCOHOL		QUANTITY OF NICOTINE	

FOOD CONSUMED AFTER 6 P.M.	NAPS TAKE AND TIMES
	1
	2
	3

MEDICATIONS TAKEN	TIME	DOSAGE	TIMES

ACTIVITIES DONE TODAY	HOW DID I FEEL TODAY

MORNING ASSESSMENT

TIME I WENT TO BED		TIME I FELL ASLEEP	
NUMBER OF TIMES I WOKE UP		DURATION OF TIME AWAKE	
WHAT I WAS DOING BEFORE I FEEL ASLEEP			
WHAT WOKE ME UP	○ TOILET	○ TOO COLD	○ BAD DREAM
	○ ANXIETY	○ UNCOMFORTABLE	○ OTHER
WHAT HELPED ME FALL BACK ASLEEP	○ EXERCISE	○ BOOK	○ MUSIC
	○ FOOD	○ MEDICATION	○ OTHER
TIME I WOKE UP		TOTAL SLEEP TIME	
MY SLEEP RATING	○ [1] ○ [2] ○ [3] ○ [4] ○ [5] ○ [6] ○ [7] ○ [8] ○ [9] ○ [10]		
DID I SLEEP BETTER THAN THE NIGHT BEFORE?		○ YES ○ NO	

SLEEP JOURNAL

DATE:		DAY:	O MON	O TUE	O WED	O THU	O FRI	O SAT	O SUN

EVENING ASSESSMENT

QUANTITY OF WATER CONSUMED		TOTAL EXERCISE TIME	
QUANTITY OF CAFFEINE / ALCOHOL		QUANTITY OF NICOTINE	

FOOD CONSUMED AFTER 6 P.M.	NAPS TAKE AND TIMES
	1
	2
	3

MEDICATIONS TAKEN	TIME	DOSAGE	TIMES

ACTIVITIES DONE TODAY	HOW DID I FEEL TODAY

MORNING ASSESSMENT

TIME I WENT TO BED		TIME I FELL ASLEEP	
NUMBER OF TIMES I WOKE UP		DURATION OF TIME AWAKE	
WHAT I WAS DOING BEFORE I FEEL ASLEEP			

WHAT WOKE ME UP	O TOILET	O TOO COLD	O BAD DREAM
	O ANXIETY	O UNCOMFORTABLE	O OTHER
WHAT HELPED ME FALL BACK ASLEEP	O EXERCISE	O BOOK	O MUSIC
	O FOOD	O MEDICATION	O OTHER

TIME I WOKE UP		TOTAL SLEEP TIME	

MY SLEEP RATING	O [1] O [2] O [3] O [4] O [5] O [6] O [7] O [8] O [9] O [10]

DID I SLEEP BETTER THAN THE NIGHT BEFORE?	O YES O NO

SLEEP JOURNAL

DATE:		DAY:	○ MON	○ TUE	○ WED	○ THU	○ FRI	○ SAT	○ SUN

EVENING ASSESSMENT

QUANTITY OF WATER CONSUMED		TOTAL EXERCISE TIME	
QUANTITY OF CAFFEINE / ALCOHOL		QUANTITY OF NICOTINE	

FOOD CONSUMED AFTER 6 P.M.	NAPS TAKE AND TIMES
	1
	2
	3

MEDICATIONS TAKEN	TIME	DOSAGE	TIMES

ACTIVITIES DONE TODAY	HOW DID I FEEL TODAY

MORNING ASSESSMENT

TIME I WENT TO BED		TIME I FELL ASLEEP	
NUMBER OF TIMES I WOKE UP		DURATION OF TIME AWAKE	
WHAT I WAS DOING BEFORE I FEEL ASLEEP			

WHAT WOKE ME UP	○ TOILET	○ TOO COLD	○ BAD DREAM
	○ ANXIETY	○ UNCOMFORTABLE	○ OTHER
WHAT HELPED ME FALL BACK ASLEEP	○ EXERCISE	○ BOOK	○ MUSIC
	○ FOOD	○ MEDICATION	○ OTHER

TIME I WOKE UP		TOTAL SLEEP TIME	
MY SLEEP RATING	○ [1] ○ [2] ○ [3] ○ [4] ○ [5] ○ [6] ○ [7] ○ [8] ○ [9] ○ [10]		
DID I SLEEP BETTER THAN THE NIGHT BEFORE?	○ YES ○ NO		

SLEEP JOURNAL

DATE:		DAY:	○ MON	○ TUE	○ WED	○ THU	○ FRI	○ SAT	○ SUN

EVENING ASSESSMENT

QUANTITY OF WATER CONSUMED		TOTAL EXERCISE TIME	
QUANTITY OF CAFFEINE / ALCOHOL		QUANTITY OF NICOTINE	

FOOD CONSUMED AFTER 6 P.M.	NAPS TAKE AND TIMES
	1
	2
	3

MEDICATIONS TAKEN	TIME	DOSAGE	TIMES

ACTIVITIES DONE TODAY	HOW DID I FEEL TODAY

MORNING ASSESSMENT

TIME I WENT TO BED		TIME I FELL ASLEEP	
NUMBER OF TIMES I WOKE UP		DURATION OF TIME AWAKE	
WHAT I WAS DOING BEFORE I FEEL ASLEEP			

WHAT WOKE ME UP	○ TOILET	○ TOO COLD	○ BAD DREAM
	○ ANXIETY	○ UNCOMFORTABLE	○ OTHER
WHAT HELPED ME FALL BACK ASLEEP	○ EXERCISE	○ BOOK	○ MUSIC
	○ FOOD	○ MEDICATION	○ OTHER

TIME I WOKE UP		TOTAL SLEEP TIME	

MY SLEEP RATING	○ [1] ○ [2] ○ [3] ○ [4] ○ [5] ○ [6] ○ [7] ○ [8] ○ [9] ○ [10]

DID I SLEEP BETTER THAN THE NIGHT BEFORE?	○ YES ○ NO

SLEEP JOURNAL

DATE:		DAY:	O MON	O TUE	O WED	O THU	O FRI	O SAT	O SUN

EVENING ASSESSMENT

QUANTITY OF WATER CONSUMED		TOTAL EXERCISE TIME	
QUANTITY OF CAFFEINE / ALCOHOL		QUANTITY OF NICOTINE	

FOOD CONSUMED AFTER 6 P.M.	NAPS TAKE AND TIMES
	1
	2
	3

MEDICATIONS TAKEN	TIME	DOSAGE	TIMES

ACTIVITIES DONE TODAY	HOW DID I FEEL TODAY

MORNING ASSESSMENT

TIME I WENT TO BED		TIME I FELL ASLEEP	
NUMBER OF TIMES I WOKE UP		DURATION OF TIME AWAKE	
WHAT I WAS DOING BEFORE I FEEL ASLEEP			

WHAT WOKE ME UP	O TOILET	O TOO COLD	O BAD DREAM
	O ANXIETY	O UNCOMFORTABLE	O OTHER
WHAT HELPED ME FALL BACK ASLEEP	O EXERCISE	O BOOK	O MUSIC
	O FOOD	O MEDICATION	O OTHER

TIME I WOKE UP		TOTAL SLEEP TIME	

MY SLEEP RATING	O [1] O [2] O [3] O [4] O [5] O [6] O [7] O [8] O [9] O [10]

DID I SLEEP BETTER THAN THE NIGHT BEFORE?	O YES O NO

SLEEP JOURNAL

DATE:		DAY:	O MON	O TUE	O WED	O THU	O FRI	O SAT	O SUN

EVENING ASSESSMENT

QUANTITY OF WATER CONSUMED		TOTAL EXERCISE TIME	
QUANTITY OF CAFFEINE / ALCOHOL		QUANTITY OF NICOTINE	

FOOD CONSUMED AFTER 6 P.M.	NAPS TAKE AND TIMES
	1
	2
	3

MEDICATIONS TAKEN	TIME	DOSAGE	TIMES

ACTIVITIES DONE TODAY	HOW DID I FEEL TODAY

MORNING ASSESSMENT

TIME I WENT TO BED		TIME I FELL ASLEEP	
NUMBER OF TIMES I WOKE UP		DURATION OF TIME AWAKE	
WHAT I WAS DOING BEFORE I FEEL ASLEEP			

WHAT WOKE ME UP	O TOILET	O TOO COLD	O BAD DREAM
	O ANXIETY	O UNCOMFORTABLE	O OTHER
WHAT HELPED ME FALL BACK ASLEEP	O EXERCISE	O BOOK	O MUSIC
	O FOOD	O MEDICATION	O OTHER

TIME I WOKE UP		TOTAL SLEEP TIME	

MY SLEEP RATING	O [1] O [2] O [3] O [4] O [5] O [6] O [7] O [8] O [9] O [10]

DID I SLEEP BETTER THAN THE NIGHT BEFORE?	O YES O NO

SLEEP JOURNAL

DATE:		DAY:	O MON	O TUE	O WED	O THU	O FRI	O SAT	O SUN

EVENING ASSESSMENT

QUANTITY OF WATER CONSUMED		TOTAL EXERCISE TIME	
QUANTITY OF CAFFEINE / ALCOHOL		QUANTITY OF NICOTINE	

FOOD CONSUMED AFTER 6 P.M.	NAPS TAKE AND TIMES
	1
	2
	3

MEDICATIONS TAKEN	TIME	DOSAGE	TIMES

ACTIVITIES DONE TODAY	HOW DID I FEEL TODAY

MORNING ASSESSMENT

TIME I WENT TO BED		TIME I FELL ASLEEP		
NUMBER OF TIMES I WOKE UP		DURATION OF TIME AWAKE		
WHAT I WAS DOING BEFORE I FEEL ASLEEP				
WHAT WOKE ME UP	O TOILET	O TOO COLD	O BAD DREAM	
	O ANXIETY	O UNCOMFORTABLE	O OTHER	
WHAT HELPED ME FALL BACK ASLEEP	O EXERCISE	O BOOK	O MUSIC	
	O FOOD	O MEDICATION	O OTHER	
TIME I WOKE UP		TOTAL SLEEP TIME		
MY SLEEP RATING	O [1] O [2] O [3] O [4] O [5] O [6] O [7] O [8] O [9] O [10]			
DID I SLEEP BETTER THAN THE NIGHT BEFORE?	O YES O NO			

SLEEP JOURNAL

DATE:		DAY:	○ MON	○ TUE	○ WED	○ THU	○ FRI	○ SAT	○ SUN

EVENING ASSESSMENT

QUANTITY OF WATER CONSUMED		TOTAL EXERCISE TIME	
QUANTITY OF CAFFEINE / ALCOHOL		QUANTITY OF NICOTINE	

FOOD CONSUMED AFTER 6 P.M.	NAPS TAKE AND TIMES
	1
	2
	3

MEDICATIONS TAKEN	TIME	DOSAGE	TIMES

ACTIVITIES DONE TODAY	HOW DID I FEEL TODAY

MORNING ASSESSMENT

TIME I WENT TO BED		TIME I FELL ASLEEP		
NUMBER OF TIMES I WOKE UP		DURATION OF TIME AWAKE		
WHAT I WAS DOING BEFORE I FEEL ASLEEP				
WHAT WOKE ME UP	○ TOILET	○ TOO COLD	○ BAD DREAM
	○ ANXIETY	○ UNCOMFORTABLE	○ OTHER
WHAT HELPED ME FALL BACK ASLEEP	○ EXERCISE	○ BOOK	○ MUSIC
	○ FOOD	○ MEDICATION	○ OTHER

TIME I WOKE UP		TOTAL SLEEP TIME	
MY SLEEP RATING		○ [1] ○ [2] ○ [3] ○ [4] ○ [5] ○ [6] ○ [7] ○ [8] ○ [9] ○ [10]	

DID I SLEEP BETTER THAN THE NIGHT BEFORE?	○ YES ○ NO

SLEEP JOURNAL

DATE:		DAY:	○ MON	○ TUE	○ WED	○ THU	○ FRI	○ SAT	○ SUN

EVENING ASSESSMENT

QUANTITY OF WATER CONSUMED		TOTAL EXERCISE TIME	
QUANTITY OF CAFFEINE / ALCOHOL		QUANTITY OF NICOTINE	

FOOD CONSUMED AFTER 6 P.M.	NAPS TAKE AND TIMES
	1
	2
	3

MEDICATIONS TAKEN	TIME	DOSAGE	TIMES

ACTIVITIES DONE TODAY	HOW DID I FEEL TODAY

MORNING ASSESSMENT

TIME I WENT TO BED		TIME I FELL ASLEEP	
NUMBER OF TIMES I WOKE UP		DURATION OF TIME AWAKE	
WHAT I WAS DOING BEFORE I FEEL ASLEEP			
WHAT WOKE ME UP	○ TOILET	○ TOO COLD	○ BAD DREAM
	○ ANXIETY	○ UNCOMFORTABLE	○ OTHER
WHAT HELPED ME FALL BACK ASLEEP	○ EXERCISE	○ BOOK	○ MUSIC
	○ FOOD	○ MEDICATION	○ OTHER
TIME I WOKE UP		TOTAL SLEEP TIME	
MY SLEEP RATING	○ [1] ○ [2] ○ [3] ○ [4] ○ [5] ○ [6] ○ [7] ○ [8] ○ [9] ○ [10]		
DID I SLEEP BETTER THAN THE NIGHT BEFORE?	○ YES ○ NO		

SLEEP JOURNAL

DATE:		DAY:	O MON	O TUE	O WED	O THU	O FRI	O SAT	O SUN

EVENING ASSESSMENT

QUANTITY OF WATER CONSUMED		TOTAL EXERCISE TIME	
QUANTITY OF CAFFEINE / ALCOHOL		QUANTITY OF NICOTINE	

FOOD CONSUMED AFTER 6 P.M.	NAPS TAKE AND TIMES
	1
	2
	3

MEDICATIONS TAKEN	TIME	DOSAGE	TIMES

ACTIVITIES DONE TODAY	HOW DID I FEEL TODAY

MORNING ASSESSMENT

TIME I WENT TO BED		TIME I FELL ASLEEP	
NUMBER OF TIMES I WOKE UP		DURATION OF TIME AWAKE	
WHAT I WAS DOING BEFORE I FEEL ASLEEP			

WHAT WOKE ME UP	O TOILET	O TOO COLD	O BAD DREAM
	O ANXIETY	O UNCOMFORTABLE	O OTHER
WHAT HELPED ME FALL BACK ASLEEP	O EXERCISE	O BOOK	O MUSIC
	O FOOD	O MEDICATION	O OTHER

TIME I WOKE UP		TOTAL SLEEP TIME	

MY SLEEP RATING	O [1] O [2] O [3] O [4] O [5] O [6] O [7] O [8] O [9] O [10]

DID I SLEEP BETTER THAN THE NIGHT BEFORE?	O YES O NO

SLEEP JOURNAL

DATE:		DAY:	O MON	O TUE	O WED	O THU	O FRI	O SAT	O SUN

EVENING ASSESSMENT

QUANTITY OF WATER CONSUMED		TOTAL EXERCISE TIME	
QUANTITY OF CAFFEINE / ALCOHOL		QUANTITY OF NICOTINE	

FOOD CONSUMED AFTER 6 P.M.	NAPS TAKE AND TIMES
	1
	2
	3

MEDICATIONS TAKEN	TIME	DOSAGE	TIMES

ACTIVITIES DONE TODAY	HOW DID I FEEL TODAY

MORNING ASSESSMENT

TIME I WENT TO BED		TIME I FELL ASLEEP	
NUMBER OF TIMES I WOKE UP		DURATION OF TIME AWAKE	
WHAT I WAS DOING BEFORE I FEEL ASLEEP			
WHAT WOKE ME UP	O TOILET	O TOO COLD	O BAD DREAM
	O ANXIETY	O UNCOMFORTABLE	O OTHER
WHAT HELPED ME FALL BACK ASLEEP	O EXERCISE	O BOOK	O MUSIC
	O FOOD	O MEDICATION	O OTHER
TIME I WOKE UP		TOTAL SLEEP TIME	
MY SLEEP RATING	O [1] O [2] O [3] O [4] O [5] O [6] O [7] O [8] O [9] O [10]		

DID I SLEEP BETTER THAN THE NIGHT BEFORE?	O YES O NO

SLEEP JOURNAL

DATE:		DAY:	O MON	O TUE	O WED	O THU	O FRI	O SAT	O SUN

EVENING ASSESSMENT

QUANTITY OF WATER CONSUMED		TOTAL EXERCISE TIME	
QUANTITY OF CAFFEINE / ALCOHOL		QUANTITY OF NICOTINE	

FOOD CONSUMED AFTER 6 P.M.	NAPS TAKE AND TIMES
	1
	2
	3

MEDICATIONS TAKEN	TIME	DOSAGE	TIMES

ACTIVITIES DONE TODAY	HOW DID I FEEL TODAY

MORNING ASSESSMENT

TIME I WENT TO BED		TIME I FELL ASLEEP	
NUMBER OF TIMES I WOKE UP		DURATION OF TIME AWAKE	
WHAT I WAS DOING BEFORE I FEEL ASLEEP			

WHAT WOKE ME UP	O TOILET	O TOO COLD	O BAD DREAM
	O ANXIETY	O UNCOMFORTABLE	O OTHER
WHAT HELPED ME FALL BACK ASLEEP	O EXERCISE	O BOOK	O MUSIC
	O FOOD	O MEDICATION	O OTHER

TIME I WOKE UP		TOTAL SLEEP TIME	
MY SLEEP RATING	O [1] O [2] O [3] O [4] O [5] O [6] O [7] O [8] O [9] O [10]		

DID I SLEEP BETTER THAN THE NIGHT BEFORE?	O YES O NO

SLEEP JOURNAL

DATE:		DAY:	○ MON	○ TUE	○ WED	○ THU	○ FRI	○ SAT	○ SUN

EVENING ASSESSMENT

QUANTITY OF WATER CONSUMED		TOTAL EXERCISE TIME	
QUANTITY OF CAFFEINE / ALCOHOL		QUANTITY OF NICOTINE	

FOOD CONSUMED AFTER 6 P.M.	NAPS TAKE AND TIMES
	1
	2
	3

MEDICATIONS TAKEN	TIME	DOSAGE	TIMES

ACTIVITIES DONE TODAY	HOW DID I FEEL TODAY

MORNING ASSESSMENT

TIME I WENT TO BED		TIME I FELL ASLEEP	
NUMBER OF TIMES I WOKE UP		DURATION OF TIME AWAKE	
WHAT I WAS DOING BEFORE I FEEL ASLEEP			

WHAT WOKE ME UP	○ TOILET	○ TOO COLD	○ BAD DREAM
	○ ANXIETY	○ UNCOMFORTABLE	○ OTHER
WHAT HELPED ME FALL BACK ASLEEP	○ EXERCISE	○ BOOK	○ MUSIC
	○ FOOD	○ MEDICATION	○ OTHER

TIME I WOKE UP		TOTAL SLEEP TIME	
MY SLEEP RATING	○ [1] ○ [2] ○ [3] ○ [4] ○ [5] ○ [6] ○ [7] ○ [8] ○ [9] ○ [10]		
DID I SLEEP BETTER THAN THE NIGHT BEFORE?	○ YES ○ NO		

SLEEP JOURNAL

DATE:		DAY:	O MON	O TUE	O WED	O THU	O FRI	O SAT	O SUN

EVENING ASSESSMENT

QUANTITY OF WATER CONSUMED		TOTAL EXERCISE TIME	
QUANTITY OF CAFFEINE / ALCOHOL		QUANTITY OF NICOTINE	

FOOD CONSUMED AFTER 6 P.M.	NAPS TAKE AND TIMES
	1
	2
	3

MEDICATIONS TAKEN	TIME	DOSAGE	TIMES

ACTIVITIES DONE TODAY	HOW DID I FEEL TODAY

MORNING ASSESSMENT

TIME I WENT TO BED		TIME I FELL ASLEEP	
NUMBER OF TIMES I WOKE UP		DURATION OF TIME AWAKE	
WHAT I WAS DOING BEFORE I FEEL ASLEEP			

WHAT WOKE ME UP	O TOILET	O TOO COLD	O BAD DREAM
	O ANXIETY	O UNCOMFORTABLE	O OTHER
WHAT HELPED ME FALL BACK ASLEEP	O EXERCISE	O BOOK	O MUSIC
	O FOOD	O MEDICATION	O OTHER

TIME I WOKE UP		TOTAL SLEEP TIME	

MY SLEEP RATING	O [1] O [2] O [3] O [4] O [5] O [6] O [7] O [8] O [9] O [10]

DID I SLEEP BETTER THAN THE NIGHT BEFORE?	O YES O NO

SLEEP JOURNAL

DATE:		DAY:	○ MON	○ TUE	○ WED	○ THU	○ FRI	○ SAT	○ SUN

EVENING ASSESSMENT

QUANTITY OF WATER CONSUMED		TOTAL EXERCISE TIME	
QUANTITY OF CAFFEINE / ALCOHOL		QUANTITY OF NICOTINE	

FOOD CONSUMED AFTER 6 P.M.	NAPS TAKE AND TIMES
	1
	2
	3

MEDICATIONS TAKEN	TIME	DOSAGE	TIMES

ACTIVITIES DONE TODAY	HOW DID I FEEL TODAY

MORNING ASSESSMENT

TIME I WENT TO BED		TIME I FELL ASLEEP	
NUMBER OF TIMES I WOKE UP		DURATION OF TIME AWAKE	
WHAT I WAS DOING BEFORE I FEEL ASLEEP			

WHAT WOKE ME UP	○ TOILET	○ TOO COLD	○ BAD DREAM
	○ ANXIETY	○ UNCOMFORTABLE	○ OTHER
WHAT HELPED ME FALL BACK ASLEEP	○ EXERCISE	○ BOOK	○ MUSIC
	○ FOOD	○ MEDICATION	○ OTHER

TIME I WOKE UP		TOTAL SLEEP TIME	
MY SLEEP RATING	○ [1] ○ [2] ○ [3] ○ [4] ○ [5] ○ [6] ○ [7] ○ [8] ○ [9] ○ [10]		
DID I SLEEP BETTER THAN THE NIGHT BEFORE?	○ YES ○ NO		

SLEEP JOURNAL

DATE:		DAY:	○ MON	○ TUE	○ WED	○ THU	○ FRI	○ SAT	○ SUN

EVENING ASSESSMENT

QUANTITY OF WATER CONSUMED		TOTAL EXERCISE TIME	
QUANTITY OF CAFFEINE / ALCOHOL		QUANTITY OF NICOTINE	

FOOD CONSUMED AFTER 6 P.M.	NAPS TAKE AND TIMES
	1
	2
	3

MEDICATIONS TAKEN	TIME	DOSAGE	TIMES

ACTIVITIES DONE TODAY	HOW DID I FEEL TODAY

MORNING ASSESSMENT

TIME I WENT TO BED		TIME I FELL ASLEEP	
NUMBER OF TIMES I WOKE UP		DURATION OF TIME AWAKE	
WHAT I WAS DOING BEFORE I FEEL ASLEEP			

WHAT WOKE ME UP	○ TOILET	○ TOO COLD	○ BAD DREAM
	○ ANXIETY	○ UNCOMFORTABLE	○ OTHER

WHAT HELPED ME FALL BACK ASLEEP	○ EXERCISE	○ BOOK	○ MUSIC
	○ FOOD	○ MEDICATION	○ OTHER

TIME I WOKE UP		TOTAL SLEEP TIME	
MY SLEEP RATING		○ [1] ○ [2] ○ [3] ○ [4] ○ [5] ○ [6] ○ [7] ○ [8] ○ [9] ○ [10]	

DID I SLEEP BETTER THAN THE NIGHT BEFORE?	○ YES ○ NO

SLEEP JOURNAL

DATE:		DAY:	○ MON	○ TUE	○ WED	○ THU	○ FRI	○ SAT	○ SUN

EVENING ASSESSMENT

QUANTITY OF WATER CONSUMED		TOTAL EXERCISE TIME	
QUANTITY OF CAFFEINE / ALCOHOL		QUANTITY OF NICOTINE	

FOOD CONSUMED AFTER 6 P.M.	NAPS TAKE AND TIMES
	1
	2
	3

MEDICATIONS TAKEN	TIME	DOSAGE	TIMES

ACTIVITIES DONE TODAY	HOW DID I FEEL TODAY

MORNING ASSESSMENT

TIME I WENT TO BED		TIME I FELL ASLEEP		
NUMBER OF TIMES I WOKE UP		DURATION OF TIME AWAKE		
WHAT I WAS DOING BEFORE I FEEL ASLEEP				
WHAT WOKE ME UP	○ TOILET	○ TOO COLD	○ BAD DREAM
	○ ANXIETY	○ UNCOMFORTABLE	○ OTHER
WHAT HELPED ME FALL BACK ASLEEP	○ EXERCISE	○ BOOK	○ MUSIC
	○ FOOD	○ MEDICATION	○ OTHER
TIME I WOKE UP		TOTAL SLEEP TIME	
MY SLEEP RATING	○ [1] ○ [2] ○ [3] ○ [4] ○ [5] ○ [6] ○ [7] ○ [8] ○ [9] ○ [10]
DID I SLEEP BETTER THAN THE NIGHT BEFORE?	○ YES ○ NO

SLEEP JOURNAL

DATE:		DAY:	O MON	O TUE	O WED	O THU	O FRI	O SAT	O SUN

EVENING ASSESSMENT

QUANTITY OF WATER CONSUMED		TOTAL EXERCISE TIME	
QUANTITY OF CAFFEINE / ALCOHOL		QUANTITY OF NICOTINE	

FOOD CONSUMED AFTER 6 P.M.	NAPS TAKE AND TIMES
	1
	2
	3

MEDICATIONS TAKEN	TIME	DOSAGE	TIMES

ACTIVITIES DONE TODAY	HOW DID I FEEL TODAY

MORNING ASSESSMENT

TIME I WENT TO BED		TIME I FELL ASLEEP	
NUMBER OF TIMES I WOKE UP		DURATION OF TIME AWAKE	
WHAT I WAS DOING BEFORE I FEEL ASLEEP			

WHAT WOKE ME UP	O TOILET	O TOO COLD	O BAD DREAM
	O ANXIETY	O UNCOMFORTABLE	O OTHER
WHAT HELPED ME FALL BACK ASLEEP	O EXERCISE	O BOOK	O MUSIC
	O FOOD	O MEDICATION	O OTHER

TIME I WOKE UP		TOTAL SLEEP TIME	
MY SLEEP RATING	O [1] O [2] O [3] O [4] O [5] O [6] O [7] O [8] O [9] O [10]		
DID I SLEEP BETTER THAN THE NIGHT BEFORE?		O YES O NO	

SLEEP JOURNAL

DATE:		DAY:	O MON	O TUE	O WED	O THU	O FRI	O SAT	O SUN

EVENING ASSESSMENT

QUANTITY OF WATER CONSUMED		TOTAL EXERCISE TIME	
QUANTITY OF CAFFEINE / ALCOHOL		QUANTITY OF NICOTINE	

FOOD CONSUMED AFTER 6 P.M.	NAPS TAKE AND TIMES
	1
	2
	3

MEDICATIONS TAKEN	TIME	DOSAGE	TIMES

ACTIVITIES DONE TODAY	HOW DID I FEEL TODAY

MORNING ASSESSMENT

TIME I WENT TO BED		TIME I FELL ASLEEP	
NUMBER OF TIMES I WOKE UP		DURATION OF TIME AWAKE	
WHAT I WAS DOING BEFORE I FEEL ASLEEP			
WHAT WOKE ME UP	O TOILET	O TOO COLD	O BAD DREAM
	O ANXIETY	O UNCOMFORTABLE	O OTHER
WHAT HELPED ME FALL BACK ASLEEP	O EXERCISE	O BOOK	O MUSIC
	O FOOD	O MEDICATION	O OTHER
TIME I WOKE UP		TOTAL SLEEP TIME	
MY SLEEP RATING	O [1] O [2] O [3] O [4] O [5] O [6] O [7] O [8] O [9] O [10]		
DID I SLEEP BETTER THAN THE NIGHT BEFORE?	O YES O NO		

SLEEP JOURNAL

DATE:		DAY:	O MON	O TUE	O WED	O THU	O FRI	O SAT	O SUN

EVENING ASSESSMENT

QUANTITY OF WATER CONSUMED		TOTAL EXERCISE TIME	
QUANTITY OF CAFFEINE / ALCOHOL		QUANTITY OF NICOTINE	

FOOD CONSUMED AFTER 6 P.M.	NAPS TAKE AND TIMES
	1
	2
	3

MEDICATIONS TAKEN	TIME	DOSAGE	TIMES

ACTIVITIES DONE TODAY	HOW DID I FEEL TODAY

MORNING ASSESSMENT

TIME I WENT TO BED		TIME I FELL ASLEEP		
NUMBER OF TIMES I WOKE UP		DURATION OF TIME AWAKE		
WHAT I WAS DOING BEFORE I FEEL ASLEEP				
WHAT WOKE ME UP	O TOILET	O TOO COLD	O BAD DREAM
	O ANXIETY	O UNCOMFORTABLE	O OTHER
WHAT HELPED ME FALL BACK ASLEEP	O EXERCISE	O BOOK	O MUSIC
	O FOOD	O MEDICATION	O OTHER

TIME I WOKE UP		TOTAL SLEEP TIME	
MY SLEEP RATING	O [1] O [2] O [3] O [4] O [5] O [6] O [7] O [8] O [9] O [10]		
DID I SLEEP BETTER THAN THE NIGHT BEFORE?	O YES O NO		

SLEEP JOURNAL

DATE:		DAY:	O MON	O TUE	O WED	O THU	O FRI	O SAT	O SUN

EVENING ASSESSMENT

QUANTITY OF WATER CONSUMED		TOTAL EXERCISE TIME	
QUANTITY OF CAFFEINE / ALCOHOL		QUANTITY OF NICOTINE	

FOOD CONSUMED AFTER 6 P.M.	NAPS TAKE AND TIMES
	1
	2
	3

MEDICATIONS TAKEN	TIME	DOSAGE	TIMES

ACTIVITIES DONE TODAY	HOW DID I FEEL TODAY

MORNING ASSESSMENT

TIME I WENT TO BED		TIME I FELL ASLEEP	
NUMBER OF TIMES I WOKE UP		DURATION OF TIME AWAKE	
WHAT I WAS DOING BEFORE I FEEL ASLEEP			

WHAT WOKE ME UP	O TOILET	O TOO COLD	O BAD DREAM
	O ANXIETY	O UNCOMFORTABLE	O OTHER
WHAT HELPED ME FALL BACK ASLEEP	O EXERCISE	O BOOK	O MUSIC
	O FOOD	O MEDICATION	O OTHER

TIME I WOKE UP		TOTAL SLEEP TIME	
MY SLEEP RATING	O [1] O [2] O [3] O [4] O [5] O [6] O [7] O [8] O [9] O [10]		

DID I SLEEP BETTER THAN THE NIGHT BEFORE?	O YES O NO

SLEEP JOURNAL

DATE:		DAY:	○ MON	○ TUE	○ WED	○ THU	○ FRI	○ SAT	○ SUN

EVENING ASSESSMENT

QUANTITY OF WATER CONSUMED		TOTAL EXERCISE TIME	
QUANTITY OF CAFFEINE / ALCOHOL		QUANTITY OF NICOTINE	

FOOD CONSUMED AFTER 6 P.M.	NAPS TAKE AND TIMES
	1
	2
	3

MEDICATIONS TAKEN	TIME	DOSAGE	TIMES

ACTIVITIES DONE TODAY	HOW DID I FEEL TODAY

MORNING ASSESSMENT

TIME I WENT TO BED		TIME I FELL ASLEEP	
NUMBER OF TIMES I WOKE UP		DURATION OF TIME AWAKE	
WHAT I WAS DOING BEFORE I FEEL ASLEEP			

WHAT WOKE ME UP	○ TOILET	○ TOO COLD	○ BAD DREAM
	○ ANXIETY	○ UNCOMFORTABLE	○ OTHER
WHAT HELPED ME FALL BACK ASLEEP	○ EXERCISE	○ BOOK	○ MUSIC
	○ FOOD	○ MEDICATION	○ OTHER

TIME I WOKE UP		TOTAL SLEEP TIME	

MY SLEEP RATING	○ [1] ○ [2] ○ [3] ○ [4] ○ [5] ○ [6] ○ [7] ○ [8] ○ [9] ○ [10]

DID I SLEEP BETTER THAN THE NIGHT BEFORE?	○ YES ○ NO

SLEEP JOURNAL

DATE:		DAY:	O MON	O TUE	O WED	O THU	O FRI	O SAT	O SUN

EVENING ASSESSMENT

QUANTITY OF WATER CONSUMED		TOTAL EXERCISE TIME	
QUANTITY OF CAFFEINE / ALCOHOL		QUANTITY OF NICOTINE	

FOOD CONSUMED AFTER 6 P.M.	NAPS TAKE AND TIMES
	1
	2
	3

MEDICATIONS TAKEN	TIME	DOSAGE	TIMES

ACTIVITIES DONE TODAY	HOW DID I FEEL TODAY

MORNING ASSESSMENT

TIME I WENT TO BED		TIME I FELL ASLEEP	
NUMBER OF TIMES I WOKE UP		DURATION OF TIME AWAKE	
WHAT I WAS DOING BEFORE I FEEL ASLEEP			
WHAT WOKE ME UP	O TOILET	O TOO COLD	O BAD DREAM
	O ANXIETY	O UNCOMFORTABLE	O OTHER
WHAT HELPED ME FALL BACK ASLEEP	O EXERCISE	O BOOK	O MUSIC
	O FOOD	O MEDICATION	O OTHER
TIME I WOKE UP		TOTAL SLEEP TIME	
MY SLEEP RATING	O [1] O [2] O [3] O [4] O [5] O [6] O [7] O [8] O [9] O [10]		
DID I SLEEP BETTER THAN THE NIGHT BEFORE?	O YES O NO		

SLEEP JOURNAL

DATE:		DAY:	○ MON	○ TUE	○ WED	○ THU	○ FRI	○ SAT	○ SUN

EVENING ASSESSMENT

QUANTITY OF WATER CONSUMED		TOTAL EXERCISE TIME	
QUANTITY OF CAFFEINE / ALCOHOL		QUANTITY OF NICOTINE	

FOOD CONSUMED AFTER 6 P.M.	NAPS TAKE AND TIMES
	1
	2
	3

MEDICATIONS TAKEN	TIME	DOSAGE	TIMES

ACTIVITIES DONE TODAY	HOW DID I FEEL TODAY

MORNING ASSESSMENT

TIME I WENT TO BED		TIME I FELL ASLEEP		
NUMBER OF TIMES I WOKE UP		DURATION OF TIME AWAKE		
WHAT I WAS DOING BEFORE I FEEL ASLEEP				
WHAT WOKE ME UP	○ TOILET	○ TOO COLD	○ BAD DREAM	
	○ ANXIETY	○ UNCOMFORTABLE	○ OTHER	
WHAT HELPED ME FALL BACK ASLEEP	○ EXERCISE	○ BOOK	○ MUSIC	
	○ FOOD	○ MEDICATION	○ OTHER	

TIME I WOKE UP		TOTAL SLEEP TIME	

MY SLEEP RATING	○ [1] ○ [2] ○ [3] ○ [4] ○ [5] ○ [6] ○ [7] ○ [8] ○ [9] ○ [10]

DID I SLEEP BETTER THAN THE NIGHT BEFORE?	○ YES ○ NO

SLEEP JOURNAL

DATE:		DAY:	○ MON	○ TUE	○ WED	○ THU	○ FRI	○ SAT	○ SUN

EVENING ASSESSMENT

QUANTITY OF WATER CONSUMED		TOTAL EXERCISE TIME	
QUANTITY OF CAFFEINE / ALCOHOL		QUANTITY OF NICOTINE	

FOOD CONSUMED AFTER 6 P.M.	NAPS TAKE AND TIMES
	1
	2
	3

MEDICATIONS TAKEN	TIME	DOSAGE	TIMES

ACTIVITIES DONE TODAY	HOW DID I FEEL TODAY

MORNING ASSESSMENT

TIME I WENT TO BED		TIME I FELL ASLEEP	
NUMBER OF TIMES I WOKE UP		DURATION OF TIME AWAKE	
WHAT I WAS DOING BEFORE I FEEL ASLEEP			

WHAT WOKE ME UP	○ TOILET	○ TOO COLD	○ BAD DREAM
	○ ANXIETY	○ UNCOMFORTABLE	○ OTHER
WHAT HELPED ME FALL BACK ASLEEP	○ EXERCISE	○ BOOK	○ MUSIC
	○ FOOD	○ MEDICATION	○ OTHER

TIME I WOKE UP		TOTAL SLEEP TIME	
MY SLEEP RATING	○ [1] ○ [2] ○ [3] ○ [4] ○ [5] ○ [6] ○ [7] ○ [8] ○ [9] ○ [10]		

DID I SLEEP BETTER THAN THE NIGHT BEFORE?	○ YES ○ NO

SLEEP JOURNAL

DATE:		DAY:	O MON	O TUE	O WED	O THU	O FRI	O SAT	O SUN

EVENING ASSESSMENT

QUANTITY OF WATER CONSUMED		TOTAL EXERCISE TIME	
QUANTITY OF CAFFEINE / ALCOHOL		QUANTITY OF NICOTINE	

FOOD CONSUMED AFTER 6 P.M.	NAPS TAKE AND TIMES
	1
	2
	3

MEDICATIONS TAKEN	TIME	DOSAGE	TIMES

ACTIVITIES DONE TODAY	HOW DID I FEEL TODAY

MORNING ASSESSMENT

TIME I WENT TO BED		TIME I FELL ASLEEP	
NUMBER OF TIMES I WOKE UP		DURATION OF TIME AWAKE	
WHAT I WAS DOING BEFORE I FEEL ASLEEP			

WHAT WOKE ME UP	O TOILET	O TOO COLD	O BAD DREAM
	O ANXIETY	O UNCOMFORTABLE	O OTHER
WHAT HELPED ME FALL BACK ASLEEP	O EXERCISE	O BOOK	O MUSIC
	O FOOD	O MEDICATION	O OTHER

TIME I WOKE UP		TOTAL SLEEP TIME	

MY SLEEP RATING	O [1] O [2] O [3] O [4] O [5] O [6] O [7] O [8] O [9] O [10]

DID I SLEEP BETTER THAN THE NIGHT BEFORE?	O YES O NO

SLEEP JOURNAL

DATE:		DAY:	O MON	O TUE	O WED	O THU	O FRI	O SAT	O SUN

EVENING ASSESSMENT

QUANTITY OF WATER CONSUMED		TOTAL EXERCISE TIME	
QUANTITY OF CAFFEINE / ALCOHOL		QUANTITY OF NICOTINE	

FOOD CONSUMED AFTER 6 P.M.	NAPS TAKE AND TIMES
	1
	2
	3

MEDICATIONS TAKEN	TIME	DOSAGE	TIMES

ACTIVITIES DONE TODAY	HOW DID I FEEL TODAY

MORNING ASSESSMENT

TIME I WENT TO BED		TIME I FELL ASLEEP	
NUMBER OF TIMES I WOKE UP		DURATION OF TIME AWAKE	
WHAT I WAS DOING BEFORE I FEEL ASLEEP			

WHAT WOKE ME UP	O TOILET	O TOO COLD	O BAD DREAM
	O ANXIETY	O UNCOMFORTABLE	O OTHER
WHAT HELPED ME FALL BACK ASLEEP	O EXERCISE	O BOOK	O MUSIC
	O FOOD	O MEDICATION	O OTHER

TIME I WOKE UP		TOTAL SLEEP TIME	

MY SLEEP RATING	O [1] O [2] O [3] O [4] O [5] O [6] O [7] O [8] O [9] O [10]

DID I SLEEP BETTER THAN THE NIGHT BEFORE?	O YES O NO

SLEEP JOURNAL

DATE:		DAY:	○ MON	○ TUE	○ WED	○ THU	○ FRI	○ SAT	○ SUN

EVENING ASSESSMENT

QUANTITY OF WATER CONSUMED		TOTAL EXERCISE TIME	
QUANTITY OF CAFFEINE / ALCOHOL		QUANTITY OF NICOTINE	

FOOD CONSUMED AFTER 6 P.M.	NAPS TAKE AND TIMES
	1
	2
	3

MEDICATIONS TAKEN	TIME	DOSAGE	TIMES

ACTIVITIES DONE TODAY	HOW DID I FEEL TODAY

MORNING ASSESSMENT

TIME I WENT TO BED		TIME I FELL ASLEEP	
NUMBER OF TIMES I WOKE UP		DURATION OF TIME AWAKE	
WHAT I WAS DOING BEFORE I FEEL ASLEEP			

WHAT WOKE ME UP	○ TOILET	○ TOO COLD	○ BAD DREAM
	○ ANXIETY	○ UNCOMFORTABLE	○ OTHER
WHAT HELPED ME FALL BACK ASLEEP	○ EXERCISE	○ BOOK	○ MUSIC
	○ FOOD	○ MEDICATION	○ OTHER

TIME I WOKE UP		TOTAL SLEEP TIME	
MY SLEEP RATING	○ [1] ○ [2] ○ [3] ○ [4] ○ [5] ○ [6] ○ [7] ○ [8] ○ [9] ○ [10]		

DID I SLEEP BETTER THAN THE NIGHT BEFORE?	○ YES ○ NO

SLEEP JOURNAL

DATE:		DAY:	O MON	O TUE	O WED	O THU	O FRI	O SAT	O SUN

EVENING ASSESSMENT

QUANTITY OF WATER CONSUMED		TOTAL EXERCISE TIME	
QUANTITY OF CAFFEINE / ALCOHOL		QUANTITY OF NICOTINE	

FOOD CONSUMED AFTER 6 P.M.	NAPS TAKE AND TIMES
	1
	2
	3

MEDICATIONS TAKEN	TIME	DOSAGE	TIMES

ACTIVITIES DONE TODAY	HOW DID I FEEL TODAY

MORNING ASSESSMENT

TIME I WENT TO BED		TIME I FELL ASLEEP	
NUMBER OF TIMES I WOKE UP		DURATION OF TIME AWAKE	
WHAT I WAS DOING BEFORE I FEEL ASLEEP			

WHAT WOKE ME UP	O TOILET	O TOO COLD	O BAD DREAM
	O ANXIETY	O UNCOMFORTABLE	O OTHER
WHAT HELPED ME FALL BACK ASLEEP	O EXERCISE	O BOOK	O MUSIC
	O FOOD	O MEDICATION	O OTHER

TIME I WOKE UP		TOTAL SLEEP TIME	
MY SLEEP RATING	O [1] O [2] O [3] O [4] O [5] O [6] O [7] O [8] O [9] O [10]		

DID I SLEEP BETTER THAN THE NIGHT BEFORE?	O YES O NO

SLEEP JOURNAL

DATE:		DAY:	○ MON	○ TUE	○ WED	○ THU	○ FRI	○ SAT	○ SUN

EVENING ASSESSMENT

QUANTITY OF WATER CONSUMED		TOTAL EXERCISE TIME	
QUANTITY OF CAFFEINE / ALCOHOL		QUANTITY OF NICOTINE	

FOOD CONSUMED AFTER 6 P.M.	NAPS TAKE AND TIMES
	1
	2
	3

MEDICATIONS TAKEN	TIME	DOSAGE	TIMES

ACTIVITIES DONE TODAY	HOW DID I FEEL TODAY

MORNING ASSESSMENT

TIME I WENT TO BED		TIME I FELL ASLEEP	
NUMBER OF TIMES I WOKE UP		DURATION OF TIME AWAKE	
WHAT I WAS DOING BEFORE I FEEL ASLEEP			

WHAT WOKE ME UP	○ TOILET	○ TOO COLD	○ BAD DREAM
	○ ANXIETY	○ UNCOMFORTABLE	○ OTHER
WHAT HELPED ME FALL BACK ASLEEP	○ EXERCISE	○ BOOK	○ MUSIC
	○ FOOD	○ MEDICATION	○ OTHER

TIME I WOKE UP		TOTAL SLEEP TIME	

MY SLEEP RATING	○ [1] ○ [2] ○ [3] ○ [4] ○ [5] ○ [6] ○ [7] ○ [8] ○ [9] ○ [10]

DID I SLEEP BETTER THAN THE NIGHT BEFORE?	○ YES ○ NO

SLEEP JOURNAL

DATE:		DAY:	O MON	O TUE	O WED	O THU	O FRI	O SAT	O SUN

EVENING ASSESSMENT

QUANTITY OF WATER CONSUMED		TOTAL EXERCISE TIME	
QUANTITY OF CAFFEINE / ALCOHOL		QUANTITY OF NICOTINE	

FOOD CONSUMED AFTER 6 P.M.	NAPS TAKE AND TIMES
	1
	2
	3

MEDICATIONS TAKEN	TIME	DOSAGE	TIMES

ACTIVITIES DONE TODAY	HOW DID I FEEL TODAY

MORNING ASSESSMENT

TIME I WENT TO BED		TIME I FELL ASLEEP	
NUMBER OF TIMES I WOKE UP		DURATION OF TIME AWAKE	
WHAT I WAS DOING BEFORE I FEEL ASLEEP			
WHAT WOKE ME UP	O TOILET	O TOO COLD	O BAD DREAM
	O ANXIETY	O UNCOMFORTABLE	O OTHER
WHAT HELPED ME FALL BACK ASLEEP	O EXERCISE	O BOOK	O MUSIC
	O FOOD	O MEDICATION	O OTHER
TIME I WOKE UP		TOTAL SLEEP TIME	
MY SLEEP RATING	O [1] O [2] O [3] O [4] O [5] O [6] O [7] O [8] O [9] O [10]		
DID I SLEEP BETTER THAN THE NIGHT BEFORE?	O YES O NO		

SLEEP JOURNAL

DATE:		DAY:	O MON	O TUE	O WED	O THU	O FRI	O SAT	O SUN

EVENING ASSESSMENT

QUANTITY OF WATER CONSUMED		TOTAL EXERCISE TIME	
QUANTITY OF CAFFEINE / ALCOHOL		QUANTITY OF NICOTINE	

FOOD CONSUMED AFTER 6 P.M.	NAPS TAKE AND TIMES
	1
	2
	3

MEDICATIONS TAKEN	TIME	DOSAGE	TIMES

ACTIVITIES DONE TODAY	HOW DID I FEEL TODAY

MORNING ASSESSMENT

TIME I WENT TO BED		TIME I FELL ASLEEP	
NUMBER OF TIMES I WOKE UP		DURATION OF TIME AWAKE	
WHAT I WAS DOING BEFORE I FEEL ASLEEP			

WHAT WOKE ME UP	O TOILET	O TOO COLD	O BAD DREAM
	O ANXIETY	O UNCOMFORTABLE	O OTHER
WHAT HELPED ME FALL BACK ASLEEP	O EXERCISE	O BOOK	O MUSIC
	O FOOD	O MEDICATION	O OTHER

TIME I WOKE UP		TOTAL SLEEP TIME	
MY SLEEP RATING		O [1] O [2] O [3] O [4] O [5] O [6] O [7] O [8] O [9] O [10]	

DID I SLEEP BETTER THAN THE NIGHT BEFORE?	O YES O NO

SLEEP JOURNAL

DATE:		DAY:	O MON	O TUE	O WED	O THU	O FRI	O SAT	O SUN

EVENING ASSESSMENT

QUANTITY OF WATER CONSUMED		TOTAL EXERCISE TIME	
QUANTITY OF CAFFEINE / ALCOHOL		QUANTITY OF NICOTINE	

FOOD CONSUMED AFTER 6 P.M.	NAPS TAKE AND TIMES
	1
	2
	3

MEDICATIONS TAKEN	TIME	DOSAGE	TIMES

ACTIVITIES DONE TODAY	HOW DID I FEEL TODAY

MORNING ASSESSMENT

TIME I WENT TO BED		TIME I FELL ASLEEP	
NUMBER OF TIMES I WOKE UP		DURATION OF TIME AWAKE	
WHAT I WAS DOING BEFORE I FEEL ASLEEP			

WHAT WOKE ME UP	O TOILET	O TOO COLD	O BAD DREAM
	O ANXIETY	O UNCOMFORTABLE	O OTHER
WHAT HELPED ME FALL BACK ASLEEP	O EXERCISE	O BOOK	O MUSIC
	O FOOD	O MEDICATION	O OTHER

TIME I WOKE UP		TOTAL SLEEP TIME	

MY SLEEP RATING	O [1] O [2] O [3] O [4] O [5] O [6] O [7] O [8] O [9] O [10]

DID I SLEEP BETTER THAN THE NIGHT BEFORE?	O YES O NO

SLEEP JOURNAL

DATE:		DAY:	O MON	O TUE	O WED	O THU	O FRI	O SAT	O SUN

EVENING ASSESSMENT

QUANTITY OF WATER CONSUMED		TOTAL EXERCISE TIME	
QUANTITY OF CAFFEINE / ALCOHOL		QUANTITY OF NICOTINE	

FOOD CONSUMED AFTER 6 P.M.	NAPS TAKE AND TIMES
	1
	2
	3

MEDICATIONS TAKEN	TIME	DOSAGE	TIMES

ACTIVITIES DONE TODAY	HOW DID I FEEL TODAY

MORNING ASSESSMENT

TIME I WENT TO BED		TIME I FELL ASLEEP	
NUMBER OF TIMES I WOKE UP		DURATION OF TIME AWAKE	
WHAT I WAS DOING BEFORE I FEEL ASLEEP			
WHAT WOKE ME UP	O TOILET	O TOO COLD	O BAD DREAM
	O ANXIETY	O UNCOMFORTABLE	O OTHER
WHAT HELPED ME FALL BACK ASLEEP	O EXERCISE	O BOOK	O MUSIC
	O FOOD	O MEDICATION	O OTHER

TIME I WOKE UP		TOTAL SLEEP TIME	
MY SLEEP RATING		O [1] O [2] O [3] O [4] O [5] O [6] O [7] O [8] O [9] O [10]	
DID I SLEEP BETTER THAN THE NIGHT BEFORE?		O YES O NO	

SLEEP JOURNAL

DATE:		DAY:	O MON	O TUE	O WED	O THU	O FRI	O SAT	O SUN

EVENING ASSESSMENT

QUANTITY OF WATER CONSUMED		TOTAL EXERCISE TIME	
QUANTITY OF CAFFEINE / ALCOHOL		QUANTITY OF NICOTINE	

FOOD CONSUMED AFTER 6 P.M.	NAPS TAKE AND TIMES
	1
	2
	3

MEDICATIONS TAKEN	TIME	DOSAGE	TIMES

ACTIVITIES DONE TODAY	HOW DID I FEEL TODAY

MORNING ASSESSMENT

TIME I WENT TO BED		TIME I FELL ASLEEP	
NUMBER OF TIMES I WOKE UP		DURATION OF TIME AWAKE	
WHAT I WAS DOING BEFORE I FEEL ASLEEP			

WHAT WOKE ME UP	O TOILET	O TOO COLD	O BAD DREAM
	O ANXIETY	O UNCOMFORTABLE	O OTHER
WHAT HELPED ME FALL BACK ASLEEP	O EXERCISE	O BOOK	O MUSIC
	O FOOD	O MEDICATION	O OTHER

TIME I WOKE UP		TOTAL SLEEP TIME	
MY SLEEP RATING	O [1] O [2] O [3] O [4] O [5] O [6] O [7] O [8] O [9] O [10]		

DID I SLEEP BETTER THAN THE NIGHT BEFORE?	O YES O NO

SLEEP JOURNAL

DATE:		DAY:	O MON	O TUE	O WED	O THU	O FRI	O SAT	O SUN

EVENING ASSESSMENT

QUANTITY OF WATER CONSUMED		TOTAL EXERCISE TIME	
QUANTITY OF CAFFEINE / ALCOHOL		QUANTITY OF NICOTINE	

FOOD CONSUMED AFTER 6 P.M.	NAPS TAKE AND TIMES
	1
	2
	3

MEDICATIONS TAKEN	TIME	DOSAGE	TIMES

ACTIVITIES DONE TODAY	HOW DID I FEEL TODAY

MORNING ASSESSMENT

TIME I WENT TO BED		TIME I FELL ASLEEP	
NUMBER OF TIMES I WOKE UP		DURATION OF TIME AWAKE	
WHAT I WAS DOING BEFORE I FEEL ASLEEP			

WHAT WOKE ME UP	O TOILET	O TOO COLD	O BAD DREAM
	O ANXIETY	O UNCOMFORTABLE	O OTHER
WHAT HELPED ME FALL BACK ASLEEP	O EXERCISE	O BOOK	O MUSIC
	O FOOD	O MEDICATION	O OTHER

TIME I WOKE UP		TOTAL SLEEP TIME	
MY SLEEP RATING		O [1] O [2] O [3] O [4] O [5] O [6] O [7] O [8] O [9] O [10]	

DID I SLEEP BETTER THAN THE NIGHT BEFORE?	O YES O NO

SLEEP JOURNAL

DATE:		DAY:	○ MON	○ TUE	○ WED	○ THU	○ FRI	○ SAT	○ SUN

EVENING ASSESSMENT

QUANTITY OF WATER CONSUMED		TOTAL EXERCISE TIME	
QUANTITY OF CAFFEINE / ALCOHOL		QUANTITY OF NICOTINE	

FOOD CONSUMED AFTER 6 P.M.	NAPS TAKE AND TIMES
	1
	2
	3

MEDICATIONS TAKEN	TIME	DOSAGE	TIMES

ACTIVITIES DONE TODAY	HOW DID I FEEL TODAY

MORNING ASSESSMENT

TIME I WENT TO BED		TIME I FELL ASLEEP	
NUMBER OF TIMES I WOKE UP		DURATION OF TIME AWAKE	
WHAT I WAS DOING BEFORE I FEEL ASLEEP			

WHAT WOKE ME UP	○ TOILET	○ TOO COLD	○ BAD DREAM
	○ ANXIETY	○ UNCOMFORTABLE	○ OTHER
WHAT HELPED ME FALL BACK ASLEEP	○ EXERCISE	○ BOOK	○ MUSIC
	○ FOOD	○ MEDICATION	○ OTHER

TIME I WOKE UP		TOTAL SLEEP TIME	
MY SLEEP RATING	○ [1] ○ [2] ○ [3] ○ [4] ○ [5] ○ [6] ○ [7] ○ [8] ○ [9] ○ [10]		

DID I SLEEP BETTER THAN THE NIGHT BEFORE?	○ YES ○ NO

SLEEP JOURNAL

DATE:		DAY:	○ MON	○ TUE	○ WED	○ THU	○ FRI	○ SAT	○ SUN

EVENING ASSESSMENT

QUANTITY OF WATER CONSUMED		TOTAL EXERCISE TIME	
QUANTITY OF CAFFEINE / ALCOHOL		QUANTITY OF NICOTINE	

FOOD CONSUMED AFTER 6 P.M.	NAPS TAKE AND TIMES
	1
	2
	3

MEDICATIONS TAKEN	TIME	DOSAGE	TIMES

ACTIVITIES DONE TODAY	HOW DID I FEEL TODAY

MORNING ASSESSMENT

TIME I WENT TO BED		TIME I FELL ASLEEP	
NUMBER OF TIMES I WOKE UP		DURATION OF TIME AWAKE	
WHAT I WAS DOING BEFORE I FEEL ASLEEP			

WHAT WOKE ME UP	○ TOILET	○ TOO COLD	○ BAD DREAM
	○ ANXIETY	○ UNCOMFORTABLE	○ OTHER
WHAT HELPED ME FALL BACK ASLEEP	○ EXERCISE	○ BOOK	○ MUSIC
	○ FOOD	○ MEDICATION	○ OTHER

TIME I WOKE UP		TOTAL SLEEP TIME	

MY SLEEP RATING	○ [1] ○ [2] ○ [3] ○ [4] ○ [5] ○ [6] ○ [7] ○ [8] ○ [9] ○ [10]

DID I SLEEP BETTER THAN THE NIGHT BEFORE?	○ YES ○ NO

SLEEP JOURNAL

DATE:		DAY:	O MON	O TUE	O WED	O THU	O FRI	O SAT	O SUN

EVENING ASSESSMENT

QUANTITY OF WATER CONSUMED		TOTAL EXERCISE TIME	
QUANTITY OF CAFFEINE / ALCOHOL		QUANTITY OF NICOTINE	

FOOD CONSUMED AFTER 6 P.M.	NAPS TAKE AND TIMES
	1
	2
	3

MEDICATIONS TAKEN	TIME	DOSAGE	TIMES

ACTIVITIES DONE TODAY	HOW DID I FEEL TODAY

MORNING ASSESSMENT

TIME I WENT TO BED		TIME I FELL ASLEEP	
NUMBER OF TIMES I WOKE UP		DURATION OF TIME AWAKE	
WHAT I WAS DOING BEFORE I FEEL ASLEEP			
WHAT WOKE ME UP	O TOILET	O TOO COLD	O BAD DREAM
	O ANXIETY	O UNCOMFORTABLE	O OTHER
WHAT HELPED ME FALL BACK ASLEEP	O EXERCISE	O BOOK	O MUSIC
	O FOOD	O MEDICATION	O OTHER
TIME I WOKE UP		TOTAL SLEEP TIME	
MY SLEEP RATING	O [1] O [2] O [3] O [4] O [5] O [6] O [7] O [8] O [9] O [10]		

DID I SLEEP BETTER THAN THE NIGHT BEFORE?	O YES O NO

SLEEP JOURNAL

DATE:		DAY:	○ MON	○ TUE	○ WED	○ THU	○ FRI	○ SAT	○ SUN

EVENING ASSESSMENT

QUANTITY OF WATER CONSUMED		TOTAL EXERCISE TIME	
QUANTITY OF CAFFEINE / ALCOHOL		QUANTITY OF NICOTINE	

FOOD CONSUMED AFTER 6 P.M.	NAPS TAKE AND TIMES
	1
	2
	3

MEDICATIONS TAKEN	TIME	DOSAGE	TIMES

ACTIVITIES DONE TODAY	HOW DID I FEEL TODAY

MORNING ASSESSMENT

TIME I WENT TO BED		TIME I FELL ASLEEP	
NUMBER OF TIMES I WOKE UP		DURATION OF TIME AWAKE	
WHAT I WAS DOING BEFORE I FEEL ASLEEP			

WHAT WOKE ME UP	○ TOILET	○ TOO COLD	○ BAD DREAM
	○ ANXIETY	○ UNCOMFORTABLE	○ OTHER
WHAT HELPED ME FALL BACK ASLEEP	○ EXERCISE	○ BOOK	○ MUSIC
	○ FOOD	○ MEDICATION	○ OTHER

TIME I WOKE UP		TOTAL SLEEP TIME	

MY SLEEP RATING	○ [1] ○ [2] ○ [3] ○ [4] ○ [5] ○ [6] ○ [7] ○ [8] ○ [9] ○ [10]

DID I SLEEP BETTER THAN THE NIGHT BEFORE?	○ YES ○ NO

SLEEP JOURNAL

DATE:		DAY:	O MON	O TUE	O WED	O THU	O FRI	O SAT	O SUN

EVENING ASSESSMENT

QUANTITY OF WATER CONSUMED		TOTAL EXERCISE TIME	
QUANTITY OF CAFFEINE / ALCOHOL		QUANTITY OF NICOTINE	

FOOD CONSUMED AFTER 6 P.M.	NAPS TAKE AND TIMES
	1
	2
	3

MEDICATIONS TAKEN	TIME	DOSAGE	TIMES

ACTIVITIES DONE TODAY	HOW DID I FEEL TODAY

MORNING ASSESSMENT

TIME I WENT TO BED		TIME I FELL ASLEEP	
NUMBER OF TIMES I WOKE UP		DURATION OF TIME AWAKE	
WHAT I WAS DOING BEFORE I FEEL ASLEEP			
WHAT WOKE ME UP	O TOILET	O TOO COLD	O BAD DREAM
	O ANXIETY	O UNCOMFORTABLE	O OTHER
WHAT HELPED ME FALL BACK ASLEEP	O EXERCISE	O BOOK	O MUSIC
	O FOOD	O MEDICATION	O OTHER
TIME I WOKE UP		TOTAL SLEEP TIME	
MY SLEEP RATING	O [1] O [2] O [3] O [4] O [5] O [6] O [7] O [8] O [9] O [10]		
DID I SLEEP BETTER THAN THE NIGHT BEFORE?	O YES O NO		

SLEEP JOURNAL

DATE:		DAY:	○ MON	○ TUE	○ WED	○ THU	○ FRI	○ SAT	○ SUN

EVENING ASSESSMENT

QUANTITY OF WATER CONSUMED		TOTAL EXERCISE TIME	
QUANTITY OF CAFFEINE / ALCOHOL		QUANTITY OF NICOTINE	

FOOD CONSUMED AFTER 6 P.M.	NAPS TAKE AND TIMES
	1
	2
	3

MEDICATIONS TAKEN	TIME	DOSAGE	TIMES

ACTIVITIES DONE TODAY	HOW DID I FEEL TODAY

MORNING ASSESSMENT

TIME I WENT TO BED		TIME I FELL ASLEEP	
NUMBER OF TIMES I WOKE UP		DURATION OF TIME AWAKE	
WHAT I WAS DOING BEFORE I FEEL ASLEEP			

WHAT WOKE ME UP	○ TOILET	○ TOO COLD	○ BAD DREAM
	○ ANXIETY	○ UNCOMFORTABLE	○ OTHER
WHAT HELPED ME FALL BACK ASLEEP	○ EXERCISE	○ BOOK	○ MUSIC
	○ FOOD	○ MEDICATION	○ OTHER

TIME I WOKE UP		TOTAL SLEEP TIME	

MY SLEEP RATING	○ [1] ○ [2] ○ [3] ○ [4] ○ [5] ○ [6] ○ [7] ○ [8] ○ [9] ○ [10]

DID I SLEEP BETTER THAN THE NIGHT BEFORE?	○ YES ○ NO

SLEEP JOURNAL

DATE:		DAY:	○ MON	○ TUE	○ WED	○ THU	○ FRI	○ SAT	○ SUN

EVENING ASSESSMENT

QUANTITY OF WATER CONSUMED		TOTAL EXERCISE TIME	
QUANTITY OF CAFFEINE / ALCOHOL		QUANTITY OF NICOTINE	

FOOD CONSUMED AFTER 6 P.M.	NAPS TAKE AND TIMES
	1
	2
	3

MEDICATIONS TAKEN	TIME	DOSAGE	TIMES

ACTIVITIES DONE TODAY	HOW DID I FEEL TODAY

MORNING ASSESSMENT

TIME I WENT TO BED		TIME I FELL ASLEEP	
NUMBER OF TIMES I WOKE UP		DURATION OF TIME AWAKE	
WHAT I WAS DOING BEFORE I FEEL ASLEEP			

WHAT WOKE ME UP	○ TOILET	○ TOO COLD	○ BAD DREAM
	○ ANXIETY	○ UNCOMFORTABLE	○ OTHER
WHAT HELPED ME FALL BACK ASLEEP	○ EXERCISE	○ BOOK	○ MUSIC
	○ FOOD	○ MEDICATION	○ OTHER

TIME I WOKE UP		TOTAL SLEEP TIME	
MY SLEEP RATING	○ [1] ○ [2] ○ [3] ○ [4] ○ [5] ○ [6] ○ [7] ○ [8] ○ [9] ○ [10]		
DID I SLEEP BETTER THAN THE NIGHT BEFORE?	○ YES ○ NO		

SLEEP JOURNAL

DATE:		DAY:	○ MON	○ TUE	○ WED	○ THU	○ FRI	○ SAT	○ SUN

EVENING ASSESSMENT

QUANTITY OF WATER CONSUMED		TOTAL EXERCISE TIME	
QUANTITY OF CAFFEINE / ALCOHOL		QUANTITY OF NICOTINE	

FOOD CONSUMED AFTER 6 P.M.	NAPS TAKE AND TIMES
	1
	2
	3

MEDICATIONS TAKEN	TIME	DOSAGE	TIMES

ACTIVITIES DONE TODAY	HOW DID I FEEL TODAY

MORNING ASSESSMENT

TIME I WENT TO BED		TIME I FELL ASLEEP	
NUMBER OF TIMES I WOKE UP		DURATION OF TIME AWAKE	
WHAT I WAS DOING BEFORE I FEEL ASLEEP			

WHAT WOKE ME UP	○ TOILET	○ TOO COLD	○ BAD DREAM
	○ ANXIETY	○ UNCOMFORTABLE	○ OTHER
WHAT HELPED ME FALL BACK ASLEEP	○ EXERCISE	○ BOOK	○ MUSIC
	○ FOOD	○ MEDICATION	○ OTHER

TIME I WOKE UP		TOTAL SLEEP TIME	
MY SLEEP RATING	○ [1] ○ [2] ○ [3] ○ [4] ○ [5] ○ [6] ○ [7] ○ [8] ○ [9] ○ [10]		

DID I SLEEP BETTER THAN THE NIGHT BEFORE?		○ YES ○ NO

SLEEP JOURNAL

DATE:		DAY:	O MON	O TUE	O WED	O THU	O FRI	O SAT	O SUN

EVENING ASSESSMENT

QUANTITY OF WATER CONSUMED		TOTAL EXERCISE TIME	
QUANTITY OF CAFFEINE / ALCOHOL		QUANTITY OF NICOTINE	

FOOD CONSUMED AFTER 6 P.M.	NAPS TAKE AND TIMES
	1
	2
	3

MEDICATIONS TAKEN	TIME	DOSAGE	TIMES

ACTIVITIES DONE TODAY	HOW DID I FEEL TODAY

MORNING ASSESSMENT

TIME I WENT TO BED		TIME I FELL ASLEEP	
NUMBER OF TIMES I WOKE UP		DURATION OF TIME AWAKE	
WHAT I WAS DOING BEFORE I FEEL ASLEEP			

WHAT WOKE ME UP	O TOILET	O TOO COLD	O BAD DREAM
	O ANXIETY	O UNCOMFORTABLE	O OTHER
WHAT HELPED ME FALL BACK ASLEEP	O EXERCISE	O BOOK	O MUSIC
	O FOOD	O MEDICATION	O OTHER

TIME I WOKE UP		TOTAL SLEEP TIME	
MY SLEEP RATING		O [1] O [2] O [3] O [4] O [5] O [6] O [7] O [8] O [9] O [10]	

DID I SLEEP BETTER THAN THE NIGHT BEFORE?	O YES O NO

SLEEP JOURNAL

DATE:		DAY:	○ MON	○ TUE	○ WED	○ THU	○ FRI	○ SAT	○ SUN

EVENING ASSESSMENT

QUANTITY OF WATER CONSUMED		TOTAL EXERCISE TIME	
QUANTITY OF CAFFEINE / ALCOHOL		QUANTITY OF NICOTINE	

FOOD CONSUMED AFTER 6 P.M.	NAPS TAKE AND TIMES
	1
	2
	3

MEDICATIONS TAKEN	TIME	DOSAGE	TIMES

ACTIVITIES DONE TODAY	HOW DID I FEEL TODAY

MORNING ASSESSMENT

TIME I WENT TO BED		TIME I FELL ASLEEP	
NUMBER OF TIMES I WOKE UP		DURATION OF TIME AWAKE	
WHAT I WAS DOING BEFORE I FEEL ASLEEP			
WHAT WOKE ME UP	○ TOILET	○ TOO COLD	○ BAD DREAM
	○ ANXIETY	○ UNCOMFORTABLE	○ OTHER
WHAT HELPED ME FALL BACK ASLEEP	○ EXERCISE	○ BOOK	○ MUSIC
	○ FOOD	○ MEDICATION	○ OTHER

TIME I WOKE UP		TOTAL SLEEP TIME	

MY SLEEP RATING	○ [1] ○ [2] ○ [3] ○ [4] ○ [5] ○ [6] ○ [7] ○ [8] ○ [9] ○ [10]

DID I SLEEP BETTER THAN THE NIGHT BEFORE?	○ YES ○ NO

SLEEP JOURNAL

DATE:		DAY:	O MON	O TUE	O WED	O THU	O FRI	O SAT	O SUN

EVENING ASSESSMENT

QUANTITY OF WATER CONSUMED		TOTAL EXERCISE TIME	
QUANTITY OF CAFFEINE / ALCOHOL		QUANTITY OF NICOTINE	

FOOD CONSUMED AFTER 6 P.M.	NAPS TAKE AND TIMES
	1
	2
	3

MEDICATIONS TAKEN	TIME	DOSAGE	TIMES

ACTIVITIES DONE TODAY	HOW DID I FEEL TODAY

MORNING ASSESSMENT

TIME I WENT TO BED		TIME I FELL ASLEEP		
NUMBER OF TIMES I WOKE UP		DURATION OF TIME AWAKE		
WHAT I WAS DOING BEFORE I FEEL ASLEEP				
WHAT WOKE ME UP	O TOILET	O TOO COLD	O BAD DREAM
	O ANXIETY	O UNCOMFORTABLE	O OTHER
WHAT HELPED ME FALL BACK ASLEEP	O EXERCISE	O BOOK	O MUSIC
	O FOOD	O MEDICATION	O OTHER
TIME I WOKE UP		TOTAL SLEEP TIME		
MY SLEEP RATING	O [1] O [2] O [3] O [4] O [5] O [6] O [7] O [8] O [9] O [10]

DID I SLEEP BETTER THAN THE NIGHT BEFORE?	O YES O NO

SLEEP JOURNAL

DATE:		DAY:	O MON	O TUE	O WED	O THU	O FRI	O SAT	O SUN

EVENING ASSESSMENT

QUANTITY OF WATER CONSUMED		TOTAL EXERCISE TIME	
QUANTITY OF CAFFEINE / ALCOHOL		QUANTITY OF NICOTINE	

FOOD CONSUMED AFTER 6 P.M.	NAPS TAKE AND TIMES
	1
	2
	3

MEDICATIONS TAKEN	TIME	DOSAGE	TIMES

ACTIVITIES DONE TODAY	HOW DID I FEEL TODAY

MORNING ASSESSMENT

TIME I WENT TO BED		TIME I FELL ASLEEP			
NUMBER OF TIMES I WOKE UP		DURATION OF TIME AWAKE			
WHAT I WAS DOING BEFORE I FEEL ASLEEP					
WHAT WOKE ME UP	O TOILET	O TOO COLD	O BAD DREAM
	O ANXIETY	O UNCOMFORTABLE	O OTHER
WHAT HELPED ME FALL BACK ASLEEP	O EXERCISE	O BOOK	O MUSIC
	O FOOD	O MEDICATION	O OTHER

TIME I WOKE UP		TOTAL SLEEP TIME	

MY SLEEP RATING	O [1] O [2] O [3] O [4] O [5] O [6] O [7] O [8] O [9] O [10]

DID I SLEEP BETTER THAN THE NIGHT BEFORE?	O YES O NO

SLEEP JOURNAL

DATE:		DAY:	○ MON	○ TUE	○ WED	○ THU	○ FRI	○ SAT	○ SUN

EVENING ASSESSMENT

QUANTITY OF WATER CONSUMED		TOTAL EXERCISE TIME	
QUANTITY OF CAFFEINE / ALCOHOL		QUANTITY OF NICOTINE	

FOOD CONSUMED AFTER 6 P.M.	NAPS TAKE AND TIMES
	1
	2
	3

MEDICATIONS TAKEN	TIME	DOSAGE	TIMES

ACTIVITIES DONE TODAY	HOW DID I FEEL TODAY

MORNING ASSESSMENT

TIME I WENT TO BED		TIME I FELL ASLEEP	
NUMBER OF TIMES I WOKE UP		DURATION OF TIME AWAKE	
WHAT I WAS DOING BEFORE I FEEL ASLEEP			

WHAT WOKE ME UP	○ TOILET	○ TOO COLD	○ BAD DREAM
	○ ANXIETY	○ UNCOMFORTABLE	○ OTHER
WHAT HELPED ME FALL BACK ASLEEP	○ EXERCISE	○ BOOK	○ MUSIC
	○ FOOD	○ MEDICATION	○ OTHER

TIME I WOKE UP		TOTAL SLEEP TIME	
MY SLEEP RATING	○ [1] ○ [2] ○ [3] ○ [4] ○ [5] ○ [6] ○ [7] ○ [8] ○ [9] ○ [10]		

DID I SLEEP BETTER THAN THE NIGHT BEFORE?	○ YES ○ NO

SLEEP JOURNAL

DATE:		DAY:	O MON	O TUE	O WED	O THU	O FRI	O SAT	O SUN

EVENING ASSESSMENT

QUANTITY OF WATER CONSUMED		TOTAL EXERCISE TIME	
QUANTITY OF CAFFEINE / ALCOHOL		QUANTITY OF NICOTINE	

FOOD CONSUMED AFTER 6 P.M.	NAPS TAKE AND TIMES
	1
	2
	3

MEDICATIONS TAKEN	TIME	DOSAGE	TIMES

ACTIVITIES DONE TODAY	HOW DID I FEEL TODAY

MORNING ASSESSMENT

TIME I WENT TO BED		TIME I FELL ASLEEP	
NUMBER OF TIMES I WOKE UP		DURATION OF TIME AWAKE	
WHAT I WAS DOING BEFORE I FEEL ASLEEP			

WHAT WOKE ME UP	O TOILET	O TOO COLD	O BAD DREAM
	O ANXIETY	O UNCOMFORTABLE	O OTHER
WHAT HELPED ME FALL BACK ASLEEP	O EXERCISE	O BOOK	O MUSIC
	O FOOD	O MEDICATION	O OTHER

TIME I WOKE UP		TOTAL SLEEP TIME	

MY SLEEP RATING	O [1] O [2] O [3] O [4] O [5] O [6] O [7] O [8] O [9] O [10]

DID I SLEEP BETTER THAN THE NIGHT BEFORE?	O YES O NO

SLEEP JOURNAL

DATE:		DAY:	O MON	O TUE	O WED	O THU	O FRI	O SAT	O SUN

EVENING ASSESSMENT

QUANTITY OF WATER CONSUMED		TOTAL EXERCISE TIME	
QUANTITY OF CAFFEINE / ALCOHOL		QUANTITY OF NICOTINE	

FOOD CONSUMED AFTER 6 P.M.	NAPS TAKE AND TIMES
	1
	2
	3

MEDICATIONS TAKEN	TIME	DOSAGE	TIMES

ACTIVITIES DONE TODAY	HOW DID I FEEL TODAY

MORNING ASSESSMENT

TIME I WENT TO BED		TIME I FELL ASLEEP			
NUMBER OF TIMES I WOKE UP		DURATION OF TIME AWAKE			
WHAT I WAS DOING BEFORE I FEEL ASLEEP					
WHAT WOKE ME UP	O TOILET	O TOO COLD	O BAD DREAM		
	O ANXIETY	O UNCOMFORTABLE	O OTHER		
WHAT HELPED ME FALL BACK ASLEEP	O EXERCISE	O BOOK	O MUSIC		
	O FOOD	O MEDICATION	O OTHER		
TIME I WOKE UP		TOTAL SLEEP TIME			
MY SLEEP RATING	O [1] O [2] O [3] O [4] O [5] O [6] O [7] O [8] O [9] O [10]				
DID I SLEEP BETTER THAN THE NIGHT BEFORE?	O YES O NO				

SLEEP JOURNAL

DATE:		DAY:	O MON	O TUE	O WED	O THU	O FRI	O SAT	O SUN

EVENING ASSESSMENT

QUANTITY OF WATER CONSUMED		TOTAL EXERCISE TIME	
QUANTITY OF CAFFEINE / ALCOHOL		QUANTITY OF NICOTINE	

FOOD CONSUMED AFTER 6 P.M.		NAPS TAKE AND TIMES	
			1
			2
			3

MEDICATIONS TAKEN	TIME	DOSAGE	TIMES

ACTIVITIES DONE TODAY	HOW DID I FEEL TODAY

MORNING ASSESSMENT

TIME I WENT TO BED		TIME I FELL ASLEEP	
NUMBER OF TIMES I WOKE UP		DURATION OF TIME AWAKE	
WHAT I WAS DOING BEFORE I FEEL ASLEEP			

WHAT WOKE ME UP	O TOILET	O TOO COLD	O BAD DREAM
	O ANXIETY	O UNCOMFORTABLE	O OTHER
WHAT HELPED ME FALL BACK ASLEEP	O EXERCISE	O BOOK	O MUSIC
	O FOOD	O MEDICATION	O OTHER

TIME I WOKE UP		TOTAL SLEEP TIME	
MY SLEEP RATING		O [1] O [2] O [3] O [4] O [5] O [6] O [7] O [8] O [9] O [10]	

DID I SLEEP BETTER THAN THE NIGHT BEFORE?	O YES O NO

SLEEP JOURNAL

DATE:		DAY:	O MON	O TUE	O WED	O THU	O FRI	O SAT	O SUN

EVENING ASSESSMENT

QUANTITY OF WATER CONSUMED		TOTAL EXERCISE TIME	
QUANTITY OF CAFFEINE / ALCOHOL		QUANTITY OF NICOTINE	

FOOD CONSUMED AFTER 6 P.M.	NAPS TAKE AND TIMES
	1
	2
	3

MEDICATIONS TAKEN	TIME	DOSAGE	TIMES

ACTIVITIES DONE TODAY	HOW DID I FEEL TODAY

MORNING ASSESSMENT

TIME I WENT TO BED		TIME I FELL ASLEEP	
NUMBER OF TIMES I WOKE UP		DURATION OF TIME AWAKE	

WHAT I WAS DOING BEFORE I FEEL ASLEEP	

WHAT WOKE ME UP	O TOILET	O TOO COLD	O BAD DREAM
	O ANXIETY	O UNCOMFORTABLE	O OTHER

WHAT HELPED ME FALL BACK ASLEEP	O EXERCISE	O BOOK	O MUSIC
	O FOOD	O MEDICATION	O OTHER

TIME I WOKE UP		TOTAL SLEEP TIME	

MY SLEEP RATING	O [1] O [2] O [3] O [4] O [5] O [6] O [7] O [8] O [9] O [10]

DID I SLEEP BETTER THAN THE NIGHT BEFORE?	O YES O NO

SLEEP JOURNAL

DATE:		DAY:	○ MON	○ TUE	○ WED	○ THU	○ FRI	○ SAT	○ SUN

EVENING ASSESSMENT

QUANTITY OF WATER CONSUMED		TOTAL EXERCISE TIME	
QUANTITY OF CAFFEINE / ALCOHOL		QUANTITY OF NICOTINE	

FOOD CONSUMED AFTER 6 P.M.	NAPS TAKE AND TIMES
	1
	2
	3

MEDICATIONS TAKEN	TIME	DOSAGE	TIMES

ACTIVITIES DONE TODAY	HOW DID I FEEL TODAY

MORNING ASSESSMENT

TIME I WENT TO BED		TIME I FELL ASLEEP		
NUMBER OF TIMES I WOKE UP		DURATION OF TIME AWAKE		
WHAT I WAS DOING BEFORE I FEEL ASLEEP				
WHAT WOKE ME UP	○ TOILET	○ TOO COLD	○ BAD DREAM
	○ ANXIETY	○ UNCOMFORTABLE	○ OTHER
WHAT HELPED ME FALL BACK ASLEEP	○ EXERCISE	○ BOOK	○ MUSIC
	○ FOOD	○ MEDICATION	○ OTHER

TIME I WOKE UP		TOTAL SLEEP TIME	
MY SLEEP RATING	○ [1] ○ [2] ○ [3] ○ [4] ○ [5] ○ [6] ○ [7] ○ [8] ○ [9] ○ [10]		
DID I SLEEP BETTER THAN THE NIGHT BEFORE?	○ YES ○ NO		

SLEEP JOURNAL

DATE:		DAY:	○ MON	○ TUE	○ WED	○ THU	○ FRI	○ SAT	○ SUN

EVENING ASSESSMENT

QUANTITY OF WATER CONSUMED		TOTAL EXERCISE TIME	
QUANTITY OF CAFFEINE / ALCOHOL		QUANTITY OF NICOTINE	

FOOD CONSUMED AFTER 6 P.M.	NAPS TAKE AND TIMES
	1
	2
	3

MEDICATIONS TAKEN	TIME	DOSAGE	TIMES

ACTIVITIES DONE TODAY	HOW DID I FEEL TODAY

MORNING ASSESSMENT

TIME I WENT TO BED		TIME I FELL ASLEEP	
NUMBER OF TIMES I WOKE UP		DURATION OF TIME AWAKE	
WHAT I WAS DOING BEFORE I FEEL ASLEEP			

WHAT WOKE ME UP	○ TOILET	○ TOO COLD	○ BAD DREAM
	○ ANXIETY	○ UNCOMFORTABLE	○ OTHER
WHAT HELPED ME FALL BACK ASLEEP	○ EXERCISE	○ BOOK	○ MUSIC
	○ FOOD	○ MEDICATION	○ OTHER

TIME I WOKE UP		TOTAL SLEEP TIME	
MY SLEEP RATING	○ [1] ○ [2] ○ [3] ○ [4] ○ [5] ○ [6] ○ [7] ○ [8] ○ [9] ○ [10]		

DID I SLEEP BETTER THAN THE NIGHT BEFORE?	○ YES ○ NO

SLEEP JOURNAL

DATE:		DAY:	O MON	O TUE	O WED	O THU	O FRI	O SAT	O SUN

EVENING ASSESSMENT

QUANTITY OF WATER CONSUMED		TOTAL EXERCISE TIME	
QUANTITY OF CAFFEINE / ALCOHOL		QUANTITY OF NICOTINE	

FOOD CONSUMED AFTER 6 P.M.		NAPS TAKE AND TIMES	
			1
			2
			3

MEDICATIONS TAKEN	TIME	DOSAGE	TIMES

ACTIVITIES DONE TODAY	HOW DID I FEEL TODAY

MORNING ASSESSMENT

TIME I WENT TO BED		TIME I FELL ASLEEP	
NUMBER OF TIMES I WOKE UP		DURATION OF TIME AWAKE	
WHAT I WAS DOING BEFORE I FEEL ASLEEP			

WHAT WOKE ME UP	O TOILET	O TOO COLD	O BAD DREAM
	O ANXIETY	O UNCOMFORTABLE	O OTHER
WHAT HELPED ME FALL BACK ASLEEP	O EXERCISE	O BOOK	O MUSIC
	O FOOD	O MEDICATION	O OTHER

TIME I WOKE UP		TOTAL SLEEP TIME	

MY SLEEP RATING	O [1] O [2] O [3] O [4] O [5] O [6] O [7] O [8] O [9] O [10]

DID I SLEEP BETTER THAN THE NIGHT BEFORE?	O YES O NO

SLEEP JOURNAL

DATE:		DAY:	○ MON	○ TUE	○ WED	○ THU	○ FRI	○ SAT	○ SUN

EVENING ASSESSMENT

QUANTITY OF WATER CONSUMED		TOTAL EXERCISE TIME	
QUANTITY OF CAFFEINE / ALCOHOL		QUANTITY OF NICOTINE	

FOOD CONSUMED AFTER 6 P.M.	NAPS TAKE AND TIMES
	1
	2
	3

MEDICATIONS TAKEN	TIME	DOSAGE	TIMES

ACTIVITIES DONE TODAY	HOW DID I FEEL TODAY

MORNING ASSESSMENT

TIME I WENT TO BED		TIME I FELL ASLEEP	
NUMBER OF TIMES I WOKE UP		DURATION OF TIME AWAKE	
WHAT I WAS DOING BEFORE I FEEL ASLEEP			

WHAT WOKE ME UP	○ TOILET	○ TOO COLD	○ BAD DREAM
	○ ANXIETY	○ UNCOMFORTABLE	○ OTHER
WHAT HELPED ME FALL BACK ASLEEP	○ EXERCISE	○ BOOK	○ MUSIC
	○ FOOD	○ MEDICATION	○ OTHER

TIME I WOKE UP		TOTAL SLEEP TIME	
MY SLEEP RATING	○ [1] ○ [2] ○ [3] ○ [4] ○ [5] ○ [6] ○ [7] ○ [8] ○ [9] ○ [10]		

DID I SLEEP BETTER THAN THE NIGHT BEFORE?	○ YES ○ NO

SLEEP JOURNAL

DATE:		DAY:	○ MON	○ TUE	○ WED	○ THU	○ FRI	○ SAT	○ SUN

EVENING ASSESSMENT

QUANTITY OF WATER CONSUMED		TOTAL EXERCISE TIME	
QUANTITY OF CAFFEINE / ALCOHOL		QUANTITY OF NICOTINE	

FOOD CONSUMED AFTER 6 P.M.	NAPS TAKE AND TIMES
	1
	2
	3

MEDICATIONS TAKEN	TIME	DOSAGE	TIMES

ACTIVITIES DONE TODAY	HOW DID I FEEL TODAY

MORNING ASSESSMENT

TIME I WENT TO BED		TIME I FELL ASLEEP	
NUMBER OF TIMES I WOKE UP		DURATION OF TIME AWAKE	
WHAT I WAS DOING BEFORE I FEEL ASLEEP			
WHAT WOKE ME UP	○ TOILET	○ TOO COLD	○ BAD DREAM
	○ ANXIETY	○ UNCOMFORTABLE	○ OTHER
WHAT HELPED ME FALL BACK ASLEEP	○ EXERCISE	○ BOOK	○ MUSIC
	○ FOOD	○ MEDICATION	○ OTHER

TIME I WOKE UP		TOTAL SLEEP TIME	
MY SLEEP RATING		○ [1] ○ [2] ○ [3] ○ [4] ○ [5] ○ [6] ○ [7] ○ [8] ○ [9] ○ [10]	
DID I SLEEP BETTER THAN THE NIGHT BEFORE?		○ YES ○ NO	

SLEEP JOURNAL

DATE:		DAY:	O MON	O TUE	O WED	O THU	O FRI	O SAT	O SUN

EVENING ASSESSMENT

QUANTITY OF WATER CONSUMED		TOTAL EXERCISE TIME	
QUANTITY OF CAFFEINE / ALCOHOL		QUANTITY OF NICOTINE	

FOOD CONSUMED AFTER 6 P.M.	NAPS TAKE AND TIMES
	1
	2
	3

MEDICATIONS TAKEN	TIME	DOSAGE	TIMES

ACTIVITIES DONE TODAY	HOW DID I FEEL TODAY

MORNING ASSESSMENT

TIME I WENT TO BED		TIME I FELL ASLEEP	
NUMBER OF TIMES I WOKE UP		DURATION OF TIME AWAKE	
WHAT I WAS DOING BEFORE I FEEL ASLEEP			

WHAT WOKE ME UP	O TOILET	O TOO COLD	O BAD DREAM
	O ANXIETY	O UNCOMFORTABLE	O OTHER
WHAT HELPED ME FALL BACK ASLEEP	O EXERCISE	O BOOK	O MUSIC
	O FOOD	O MEDICATION	O OTHER

TIME I WOKE UP		TOTAL SLEEP TIME	
MY SLEEP RATING		O [1] O [2] O [3] O [4] O [5] O [6] O [7] O [8] O [9] O [10]	

DID I SLEEP BETTER THAN THE NIGHT BEFORE?	O YES O NO

SLEEP JOURNAL

DATE:		DAY:	O MON	O TUE	O WED	O THU	O FRI	O SAT	O SUN

EVENING ASSESSMENT

QUANTITY OF WATER CONSUMED		TOTAL EXERCISE TIME	
QUANTITY OF CAFFEINE / ALCOHOL		QUANTITY OF NICOTINE	

FOOD CONSUMED AFTER 6 P.M.		NAPS TAKE AND TIMES	
			1
			2
			3

MEDICATIONS TAKEN	TIME	DOSAGE	TIMES

ACTIVITIES DONE TODAY	HOW DID I FEEL TODAY

MORNING ASSESSMENT

TIME I WENT TO BED		TIME I FELL ASLEEP	
NUMBER OF TIMES I WOKE UP		DURATION OF TIME AWAKE	
WHAT I WAS DOING BEFORE I FEEL ASLEEP			

WHAT WOKE ME UP	O TOILET	O TOO COLD	O BAD DREAM
	O ANXIETY	O UNCOMFORTABLE	O OTHER
WHAT HELPED ME FALL BACK ASLEEP	O EXERCISE	O BOOK	O MUSIC
	O FOOD	O MEDICATION	O OTHER

TIME I WOKE UP		TOTAL SLEEP TIME	

MY SLEEP RATING	O [1] O [2] O [3] O [4] O [5] O [6] O [7] O [8] O [9] O [10]

DID I SLEEP BETTER THAN THE NIGHT BEFORE?	O YES O NO

SLEEP JOURNAL

DATE:		DAY:	O MON	O TUE	O WED	O THU	O FRI	O SAT	O SUN

EVENING ASSESSMENT

QUANTITY OF WATER CONSUMED		TOTAL EXERCISE TIME	
QUANTITY OF CAFFEINE / ALCOHOL		QUANTITY OF NICOTINE	

FOOD CONSUMED AFTER 6 P.M.	NAPS TAKE AND TIMES
	1
	2
	3

MEDICATIONS TAKEN	TIME	DOSAGE	TIMES

ACTIVITIES DONE TODAY	HOW DID I FEEL TODAY

MORNING ASSESSMENT

TIME I WENT TO BED		TIME I FELL ASLEEP	
NUMBER OF TIMES I WOKE UP		DURATION OF TIME AWAKE	
WHAT I WAS DOING BEFORE I FEEL ASLEEP			
WHAT WOKE ME UP	O TOILET	O TOO COLD	O BAD DREAM
	O ANXIETY	O UNCOMFORTABLE	O OTHER
WHAT HELPED ME FALL BACK ASLEEP	O EXERCISE	O BOOK	O MUSIC
	O FOOD	O MEDICATION	O OTHER
TIME I WOKE UP		TOTAL SLEEP TIME	
MY SLEEP RATING	O [1] O [2] O [3] O [4] O [5] O [6] O [7] O [8] O [9] O [10]		
DID I SLEEP BETTER THAN THE NIGHT BEFORE?	O YES O NO		

SLEEP JOURNAL

DATE:		DAY:	O MON	O TUE	O WED	O THU	O FRI	O SAT	O SUN

EVENING ASSESSMENT

QUANTITY OF WATER CONSUMED		TOTAL EXERCISE TIME	
QUANTITY OF CAFFEINE / ALCOHOL		QUANTITY OF NICOTINE	

FOOD CONSUMED AFTER 6 P.M.	NAPS TAKE AND TIMES
	1
	2
	3

MEDICATIONS TAKEN	TIME	DOSAGE	TIMES

ACTIVITIES DONE TODAY	HOW DID I FEEL TODAY

MORNING ASSESSMENT

TIME I WENT TO BED		TIME I FELL ASLEEP	
NUMBER OF TIMES I WOKE UP		DURATION OF TIME AWAKE	
WHAT I WAS DOING BEFORE I FEEL ASLEEP			

WHAT WOKE ME UP	O TOILET	O TOO COLD	O BAD DREAM
	O ANXIETY	O UNCOMFORTABLE	O OTHER
WHAT HELPED ME FALL BACK ASLEEP	O EXERCISE	O BOOK	O MUSIC
	O FOOD	O MEDICATION	O OTHER

TIME I WOKE UP		TOTAL SLEEP TIME	
MY SLEEP RATING		O [1] O [2] O [3] O [4] O [5] O [6] O [7] O [8] O [9] O [10]	
DID I SLEEP BETTER THAN THE NIGHT BEFORE?		O YES O NO	

SLEEP JOURNAL

DATE:		DAY:	○ MON	○ TUE	○ WED	○ THU	○ FRI	○ SAT	○ SUN

EVENING ASSESSMENT

QUANTITY OF WATER CONSUMED		TOTAL EXERCISE TIME	
QUANTITY OF CAFFEINE / ALCOHOL		QUANTITY OF NICOTINE	

FOOD CONSUMED AFTER 6 P.M.	NAPS TAKE AND TIMES
	1
	2
	3

MEDICATIONS TAKEN	TIME	DOSAGE	TIMES

ACTIVITIES DONE TODAY	HOW DID I FEEL TODAY

MORNING ASSESSMENT

TIME I WENT TO BED		TIME I FELL ASLEEP	
NUMBER OF TIMES I WOKE UP		DURATION OF TIME AWAKE	
WHAT I WAS DOING BEFORE I FEEL ASLEEP			

WHAT WOKE ME UP	○ TOILET	○ TOO COLD	○ BAD DREAM
	○ ANXIETY	○ UNCOMFORTABLE	○ OTHER
WHAT HELPED ME FALL BACK ASLEEP	○ EXERCISE	○ BOOK	○ MUSIC
	○ FOOD	○ MEDICATION	○ OTHER

TIME I WOKE UP		TOTAL SLEEP TIME	
MY SLEEP RATING		○ [1] ○ [2] ○ [3] ○ [4] ○ [5] ○ [6] ○ [7] ○ [8] ○ [9] ○ [10]	

DID I SLEEP BETTER THAN THE NIGHT BEFORE?	○ YES ○ NO

SLEEP JOURNAL

DATE:		DAY:	O MON	O TUE	O WED	O THU	O FRI	O SAT	O SUN

EVENING ASSESSMENT

QUANTITY OF WATER CONSUMED		TOTAL EXERCISE TIME	
QUANTITY OF CAFFEINE / ALCOHOL		QUANTITY OF NICOTINE	

FOOD CONSUMED AFTER 6 P.M.	NAPS TAKE AND TIMES
	1
	2
	3

MEDICATIONS TAKEN	TIME	DOSAGE	TIMES

ACTIVITIES DONE TODAY	HOW DID I FEEL TODAY

MORNING ASSESSMENT

TIME I WENT TO BED		TIME I FELL ASLEEP	
NUMBER OF TIMES I WOKE UP		DURATION OF TIME AWAKE	
WHAT I WAS DOING BEFORE I FEEL ASLEEP			
WHAT WOKE ME UP	O TOILET	O TOO COLD	O BAD DREAM
	O ANXIETY	O UNCOMFORTABLE	O OTHER
WHAT HELPED ME FALL BACK ASLEEP	O EXERCISE	O BOOK	O MUSIC
	O FOOD	O MEDICATION	O OTHER

TIME I WOKE UP		TOTAL SLEEP TIME	
MY SLEEP RATING		O [1] O [2] O [3] O [4] O [5] O [6] O [7] O [8] O [9] O [10]	

DID I SLEEP BETTER THAN THE NIGHT BEFORE?	O YES O NO

www.ingramcontent.com/pod-product-compliance
Lightning Source LLC
Chambersburg PA
CBHW081233080526
44587CB00022B/3934